国語
教育
選書

教科の本質をふまえた

コンピテンシーベースの国語科授業づくり

鶴田 清司 著
Seiji Tsuruda

JN017632

「見方・考え方」を働かせ、
論理的思考力・表現力を育てる!

明治図書

まえがき

近年，各教科固有の知識・技能に基づく「コンテンツ・ベース」の教育にとどまらず，教科の枠を超えた汎用性の高い能力（コンピテンシー）を軸に，「コンピテンシー・ベース」の教育を推進しようとする動きが世界的に広がっている。

この背景には，産業社会から知識基盤社会への進展にともない，正解のない問題状況の中で，よりよい解決に向けて知識をいかに創造・活用するかということが課題になっているという認識がある。

単に教科書に示された知識・技能の習得・活用にとどまるのでなく，思考力・判断力・表現力などの認知スキル，協働的に問題解決に取り組む意欲や自己調整能力，対人関係などの社会スキルまで学力概念が拡張しているのである。例えば，OECD の DeSeCo プロジェクトによる「キー・コンピテンシー」，ATC21S プロジェクトによる「21世紀型スキル」などが知られている。日本でも「生きる力」をはじめとして，「社会人基礎力」「学士力」などさまざまなコンピテンシーが提起されてきた。

先の中央教育審議会答申「幼稚園，小学校，中学校，高等学校及び特別支援学校の学習指導要領等の改善及び必要な方策等について」（2016年12月）では，次のような「資質・能力の三つの柱」が示された。

①何を理解しているか，何ができるか

　（生きて働く「知識・技能」の習得）

②理解していること・できることをどう使うか

　（未知の状況にも対応できる「思考力・判断力・表現力等」の育成）

③どのように社会・世界と関わり，よりよい人生を送るか

　（学びを人生や社会に生かそうとする「学びに向かう力・人間性等」の涵養）

2017年3月に告示された小・中学校の学習指導要領では，この三つの柱が，①「知識・技能」，②「思考力・判断力・表現力等」，③「学びに向かう力，

人間性等」と整理して示された。そして，こうした「資質・能力」を育てるために，「主体的・対話的で深い学び」の推進が強調されている。

しかし，教育現場がこうした教育行政の動きに振り回されてしまい，「木を見て森を見ず」といった状況に陥るとしたら問題である。

私は，2018年度から，山梨県の「主体的・対話的で深い学び」推進事業のアドバイザーとして，ある中学校の研究・実践に関わっている。当初，先生方の間には「何か特別なことをしなくてはならないのではないか」といった意識が見られた。そこで私はこういう話をした。

「研究推進校に指定されると，特別な研究をしないといけないと思われるかもしれないが，そんなことはありません。『主体的・対話的で深い学び』も同じで，どの先生にもこれまでに『よい授業だったなあ』と感じた授業がいくつかあったと思います。子どもたちが生き生きと目を輝かせて取り組んだ。子どもにとっても教師にとっても新しい発見があった。今日は手応えがあった……。そういう授業が何度かあったと思います。そういう授業は『主体的・対話的で深い学び』になっていたはずです。ですから，教科を超えて，そうした授業づくりに取り組んでいきましょう。」

この話は先生方に安心感や共感を持って受け入れられたようである。そして，本書でも述べるように，教科書の内容を自分の知識・経験と結びつけて〈わがこと〉として学ぶこと（主体的な学び），「教材との対話」「他者との対話」「自己内対話」という三つの対話（対話的な学び），これを通して教科内容の理解が深まり，自己や世界についての認識が深まっていくこと（深い学び）などの基本原則が共有されていった。

本書でも，新学習指導要領の趣旨をふまえつつ，それらを相対化する視点も持ちながら，これからの国語科の授業づくりにおける課題について明らかにして，社会に生きて働くような学力を形成することができるような実践的な提案をしていきたいと思う。

鶴田清司

目　次

第3章　「アクティブ・ラーニング」を
　　　　超える授業づくり

第4章　「見方・考え方」を働かせることによる「深い学び」
　　　　—西郷竹彦氏の「気のいい火山弾」の授業を中心に—

第5章　困難を抱えた学習者の
　　　　〈わがこと〉としての学び

第1章

教科の本質をふまえた
コンピテンシー・ベースの国語科授業づくり

1 新学習指導要領の背景とその特徴

新しい教育課程の方向性

　近年，各教科の知識・技能を中心とした「コンテンツ・ベース」の教育でなく，教科の枠を超えた汎用性の高い能力（コンピテンシー）を軸に，「コンピテンシー・ベース」の教育を推進する動きが国内でも広がっている。

　コンテンツ・ベースの教育は，教科ごとに教える内容が決まっているため，ともすると「正解を覚える」という受動的で詰め込み的な学習に陥りがちであった。また，学んだことが生活から切り離されてしまい，知識・技能の有用性が実感されにくいという問題もあった。

　これに対して，コンピテンシー・ベースの教育は，単なる「学校知」にとどまるのではなく，社会で生きて働く力をこそ育成すべきだという考え方に立っている。つまり，「何を知っているか」から「何ができるようになるか」への転換である。この背景には，産業社会から知識基盤社会への進展にともない，正解のない問題状況の中で，よりよい解決に向けて知識をいかに創造・活用するかということが課題になっているという認識がある。「正解を覚える」といった詰め込み勉強では太刀打ちできないのである。実際，コンピテンシーの重要性が叫ばれるようになったのは，従来の学力テストの得点は将来の仕事上の業績や人生の成功を予測し得ないというマクレランド（D.McClelland）の調査研究であった（松下佳代編著『〈新しい能力〉は教育を変えるか～学力・リテラシー・コンピテンシー～』2010年，ミネルヴァ書房。奈須正裕・江間史明編著『教科の本質から迫る コンピテンシー・ベイスの授業づくり』2015年，図書文化社を参照）。

　こうして，単に教科書に示された知識・技能の習得にとどまるのでなく，思考力・判断力・表現力などの認知スキル，協働的に問題解決に取り組む意

欲や自己調整能力，対人関係などの社会スキルまで学力概念が拡張したのである。OECD のプロジェクト（DeSeCo）による「キー・コンピテンシー」，ATC21S プロジェクトによる「21世紀型スキル」などが知られている。我が国でも，「生きる力」「人間力」「社会人基礎力」「学士力」といった名称で呼ばれてきたものがそれにあたる。

　文部科学省は，こうしたコンピテンシー・ベースの教育のあり方をめぐって，「育成すべき資質・能力を踏まえた教育目標・内容と評価の在り方に関する検討会」（安彦忠彦座長）を設置し，その検討結果が2014年3月に「論点整理」としてとりまとめられた。そこでは「今後のコンピテンシー・ベースの教育への提言」として，次のような三層構造が示されている。

　㋐　教科等を横断する汎用的なスキル（コンピテンシー）等に関わるもの
　　①汎用的なスキル等としては，例えば，問題解決，論理的思考，コミュニケーション，意欲など。
　　②メタ認知（自己調整や内省，批判的思考等を可能にするもの）
　㋑　教科等の本質に関わるもの（教科等ならではの見方・考え方など）
　㋒　教科等に固有の知識や個別スキルに関するもの

　これは，教科横断的なコンピテンシー㋐と各教科のコンテンツ㋒の間に，「教科等の本質に関わるもの」㋑をはさみ込んだ形になっている。ともすると二項対立的に捉えられがちなコンピテンシーとコンテンツを「教科の本質が仲立ちし，有機的に結びつける関係になっている」（奈須・江間前掲編著，20頁）と言われている。

　もちろん，コンテンツ・ベースの教育とコンピテンシー・ベースの教育は両方とも必要である。基本的な知識・技能を身につけていないと実際の問題を解決することはできない。とすると，先の三層構造は両者の関係や統合のあり方を考える上で重要な視点を提供していることが分かる。奈須正裕氏も

指摘しているように，系統学習（知識・技能の明示的指導）と問題解決学習（オーセンティックな学び）の対立やそれぞれの限界を乗り越えることにもつながると考えられる。

ちなみに奈須氏は，(イ)の「教科等の本質に関わるもの」として，①教科における「鍵概念」（個別知識・技能を統合・包括する大きな概念）と，②教科ならではの「認識・表現の方法」（社会科における多面的・多角的見方，算数科における演繹・帰納など）をあげている。これによって，各教科の知識・技能が相互に関係づけられて深く理解できるとともに，社会に生きて働く知識・技能として実際の問題解決に活用することができるだろう。

さて，先の三層構造論は中教審の議論や新学習指導要領の内容にも大きな影響を与えている。当然，新しい国語科の授業づくりにも深く関連してくる。

そこで本書では，「教科の本質」をふまえたコンピテンシー・ベースの教育のあり方（コンテンツ・ベースとの関連も含む）について，国語科を中心に考えていくことにしたい。筆者はすでに，奈須・江間前掲編著の中でこの問題を論じたが，本書はその発展という位置づけになる。

新しい学習指導要領の趣旨

まずは，今回の学習指導要領の趣旨を見ておこう。

中央教育審議会答申「幼稚園，小学校，中学校，高等学校及び特別支援学校の学習指導要領等の改善及び必要な方策等について」（2016年12月）では，次のようなことが指摘されている（要約して紹介する）。

○学ぶことと自分の人生や社会とのつながりを実感しながら，自らの能力を引き出し，学習したことを活用して，生活や社会の中で出会う課題の解決に主体的に生かしていけるように学校教育を改善する。

○現行学習指導要領では，言語活動の充実を各教科等を貫く改善の視点として掲げているが，全体としては教科の枠組ごとに知識や技能の内容に沿って順序立てて整理したものとなっている。そのため，一つ一つの学びが何のためか，どのような力を育むものかは明確ではない。このこと

が各教科の縦割りを超えた指導改善につながっていない。また「何を知っているか」にとどまらず，それを活用して「何ができるようになるか」にまで発展させるべきである。

○これからの時代に求められる資質・能力は，情報活用能力や問題発見・解決能力，様々な現代的な諸課題に対応して求められる資質・能力など，特定の教科だけでなく，全ての教科のつながりの中で育まれる。

いずれも，コンピテンシー・ベースの教育に基づく考え方である。そして，次の点を学習指導要領改訂に向けての改善事項としている。

①「何ができるようになるか」（育成を目指す資質・能力）

②「何を学ぶか」（教科等を学ぶ意義と，教科等間・学校段階間のつながりを踏まえた教育課程の編成）

③「どのように学ぶか」（各教科等の指導計画の作成と実施，学習・指導の改善・充実）（④⑤⑥は略）

①はまさに「コンピテンシー」のことであり，「資質・能力」という用語があてられている。②は「カリキュラム・マネジメント」，③は「主体的・対話的で深い学び（アクティブ・ラーニング）」のことであり，新学習指導要領でも中心概念となっている。

また，答申では，「資質・能力」の「三つの柱」は次のように定められている。

ⅰ 何を理解しているか，何ができるか（生きて働く「知識・技能」の習得）

ⅱ 理解していること・できることをどう使うか（未知の状況にも対応できる「思考力・判断力・表現力等」の育成）

ⅲ どのように社会・世界と関わり，よりよい人生を送るか（学びを人生や社会に生かそうとする「学びに向かう力・人間性等」の涵養）

これは従来の「学力の三要素」などをコンピテンシーの観点から整理し直したものである。「生きて働く」「未知の状況にも対応」「社会・世界と関わり，よりよい人生を送る」といった文言にその特徴がよく表れている。（新

学習指導要領では「知識及び技能」「思考力，判断力，表現力等」「学びに向かう力，人間性等」となっている。）

　さらに，先の三層構造論における「教科等の本質に関わるもの（教科等ならではの見方・考え方）」については，主に③の「深い学び」に関連して説明されている。これを受けて，新学習指導要領でも各教科固有の「見方・考え方」がすべての教科で明示されるようになった。『小学校学習指導要領解説』の「総則」を見てみよう。

　　深い学びの鍵として「見方・考え方」を働かせることが重要になること。各教科等の「見方・考え方」は，「どのような視点で物事を捉え，どのような考え方で思考していくのか」というその教科等ならではの物事を捉える視点や考え方である。各教科等を学ぶ本質的な意義の中核をなすものであり，教科等の学習と社会をつなぐものである（以下略）。

　中教審の議論においても，「アクティブ・ラーニング」が表面的な活動に陥ってしまうという失敗事例が報告されて，「深い学び」の視点の重要性が指摘されていた。その「鍵」となるのが各教科等の特質に応じた「見方・考え方」である。今後の授業づくりにおいて「見方・考え方」の育成はきわめて重要になってくると考えられる。本書では，国語科の授業づくりに中心に検討していきたい。

新学習指導要領「国語」のポイント

　最後に，新学習指導要領の「国語」の特徴を確認しておこう。今回の改訂では次の点がポイントになるだろう。

　まず「目標」であるが，「言葉による見方・考え方を働かせ，言語活動を通して，国語で正確に理解し適切に表現する資質・能力を次のとおり育成することを目指す」として，先の三つの「資質・能力」に対応する形で，次のように記述されている。

(1) 日常生活に必要な国語について，その特質を理解し適切に使うことができるようにする。

(2) 日常生活における人との関わりの中で伝え合う力を高め，思考力や想像力を養う。

(3) 言葉がもつよさを認識するとともに，言語感覚を養い，国語の大切さを自覚し，国語を尊重してその能力の向上を図る態度を養う。

「日常生活」という言葉が強調されていることから，コンピテンシー重視の方向性がここでも見てとれる。

次に「内容」に目を移すと，次のような点が特徴である。

①「知識及び技能」として，言葉の特徴や使い方，情報の扱い方，我が国の言語文化を位置づけたこと。

②語彙指導の改善・充実（身近なことを表す語句，様子や行動，気持ちや性格を表す語句，思考に関わる語句，抽象的な概念を表す語句，理解や表現に必要な語句の量を増やし，語彙を豊かにすること）をめざしたこと。

③「情報の扱い方」に関する事項（原因と結果，意見と根拠など情報間の関係性，引用の仕方や出典の示し方，情報の信頼性の確かめ方）を新設したこと。

④「思考力，判断力，表現力等」として，「話すこと・聞くこと」「書くこと」「読むこと」の領域ごとに育成すべき「資質・能力」を位置づけたこと。

本章でも，コンピテンシーと関係の深い④を中心に，「主体的・対話的で深い学び」のあり方を交えて考察してみたい。（拙論「『知識及び技能』と『思考力，判断力，表現力等』との関係について〜」〈「読み」の授業研究会編『国語授業の改革⑰国語の授業で「主体的・対話的で深い学び」をどう実現するか』2017年，学文社〉も参照）

2　コンピテンシーとは何か—ＰＩＳＡの調査問題から—

先に述べたように，国際的にも国内的にも，各教科の知識・技能を中心と

した「コンテンツ・ベース」の教育に代わって，教科の枠を超えた汎用性の高い能力（コンピテンシー）を軸に，「コンピテンシー・ベース」の教育を推進しようとする動きが広がっている。

　今回は「コンピテンシー・ベース」の授業づくりを考えるにあたって，ＯＥＣＤの DeSeCo プロジェクトによる「キー・コンピテンシー」とそれに基づくＰＩＳＡの調査問題を取り上げて，その特質について検討することにしたい。

「キー・コンピテンシー」とは何か

　2000年から３年ごとに実施されているＰＩＳＡでは，「読解力」「数学的リテラシー」「科学的リテラシー」が継続的に調査されている。これは，ＯＥＣＤの研究プロジェクト「コンピテンシーの定義と選択 その理論的・概念的基礎」（DeSeCo）が抽出した「キー・コンピテンシー」をもとにしている。それは，次のように定義されている。

　1 全体的な人生の成功と正常に機能する社会という点から，個人および社会のレベルで高い価値を持つ結果に貢献する。
　2 幅広い文脈において，重要で複雑な要求や課題に答えるために有用である。
　3 すべての個人にとって重要である。
　（Ｄ・Ｓ・ライチェン＆Ｌ・Ｈ・サルガニク編著／立田慶裕監訳『キー・コンピテンシー～国際標準の学力をめざして～』2006年，明石書店，88～121頁）

　つまり，「すべての個人」にとって「幅広い文脈」で人生と社会に役立つ能力とされているのである。具体的には，①社会的に異質な集団で交流する力，②自律的に活動する力，③道具を相互作用的に用いる力という三つである。

　急速にグローバル化・情報化が進んでいる現在，こうした「キー・コンピテンシー」は，ヨーロッパであれアジアであれ広く求められている能力と言えよう。日本の社会でも，大学入試センター試験の「国語」問題で満点をとるような受験型学力よりも，さまざまな情報を読み解いて自分の考えを持ち，それを言葉を通して適切に表現して，他者と意思疎通ができるようなリテラ

シーが必要になっている。「読解力」はそうしたニーズに合っている。それは「キー・コンピテンシー」③「道具を相互作用的に用いる力」の中の「言語・シンボル・テキストを相互作用的に活用する能力」にあたる。「社会や職場でうまく機能し，個人的・社会的な対話に効果的に参加する」ための「コミュニケーション能力」と言い換えてもよい。まさに汎用的能力としてのコンピテンシーである。

　実際，ＰＩＳＡの調査問題は，グローバルな視野から21世紀の知識基盤社会に必要な能力を見ようとしている。しかも，脱文脈的なコンテンツ中心のテストではなく，社会で生きて働く知識・技能を具体的な状況に近い形で見ようとしている。その点で画期的な意義がある。（もちろんＰＩＳＡ型学力がすべてではない。各国固有の言語的・文化的コンテンツにも目配りしておく必要がある。）

「コンピテンシー」としての「問題解決能力」

　ここで，「読解力」「数学的リテラシー」「科学的リテラシー」以外に，不定期に行われている調査として，2003年調査の「問題解決能力」と2015年調査の「協同的問題解決能力」を取り上げてみたい。

　まず，「問題解決能力」は次のように定義されている。

　問題解決能力とは，問題解決の道筋が瞬時に明白でなく，応用可能と思われるリテラシー領域あるいはカリキュラム領域が数学，科学，または読解のうちの単一の領域だけには存在していない，現実の領域横断的な状況に直面した場合に，認知プロセスを用いて，問題に対処し，解決することができる能力である。

（国立教育政策研究所『生きるための知識と技能２　ＯＥＣＤ生徒の学習到達度調査2003年調査国際結果報告書』2004年，ぎょうせい，19頁）

　このように「領域横断的な状況」での問題解決能力（コンピテンシー）が

試されることになる。

　実際の「問題解決能力」の問題例を見てみよう。

【履修計画】

　3年間にわたる全課程で，次のような12科目を置いている高等専門学校があります。各科目とも，履修期間は1年間となっています。

	科目コード	科目名
1	M1	力学　レベル1
2	M2	力学　レベル2
3	E1	電子工学　レベル1
4	E2	電子工学　レベル2
5	B1	商業実務　レベル1
6	B2	商業実務　レベル2
7	B3	商業実務　レベル3
8	C1	コンピュータ・システム　レベル1
9	C2	コンピュータ・システム　レベル2
10	C3	コンピュータ・システム　レベル3
11	T1	技術・情報管理　レベル1
12	T2	技術・情報管理　レベル2

　どの生徒も1年あたり4科目履修して，3年間で全12科目を終了することになっています。

　生徒が上のレベルの科目を履修できるのは，その前年までに同じ科目で下のレベルを終了している場合のみです。例えば，商業実務レベル3を履修することができるのは，商業実務のレベル1と2を終了してから，ということになります。また，電子工学レベル1が履修できるのは，先に力学レベル1を終了してからとなっていて，電子工学レベル2も力学レベル2が終了した後ではじめて履修することができます。

　どの年にどの科目を履修すればよいかを考え，次の表を完成させてください。表には科目コードを記入して下さい。

	科目1	科目2	科目3	科目4
1年目				
2年目				
3年目				

　この問題は，実際に大学の新入生が自分で時間割を作るときに直面する問題である。間違えると卒業できなくなる恐れがあるだけに細心の注意が要求される。こうした実際の場面で起こり得るような問題解決能力が問われている。

　日本の高校生の正答率は42.0%（ＯＥＣＤ平均31.1%）であった。それほど難しい問題ではないが，出来はよくない。（なお2012年調査でもコンピュータ利用型の「問題解決能力」の出題がある。そこでは「自ら進んで問題状況に関わろうとする意志」も見ようとしている。）

　次に，2015年調査の「協同的問題解決能力」を見てみよう。それは，「複数人が，解決に迫るために必要な理解と労力を共有し，解決に至るために必要な知識・スキル・労力を出し合うことによって問題解決しようと試みるプロセスに効果的に取り組むことができる個人の能力である」と定義されている。これをもとに，「協同的問題解決能力」の中でも，三つの主要なコンピテンシーである「共通理解の構築・維持」「問題解決に対する適切な行動」「チーム組織の構築・維持」について調査している（http://www.nier.go.jp/kokusai/pisa/pdf/pisa2015cps_20171121_report.pdf）。

　実際の問題例を見てみよう。

　大問「ザンダー国」では，調査問題を解く生徒と二人のコンピュータ上の友人（あかねさんと三郎くん）がチームでコンテストに参加し，チャットを用いて相談しながら，架空の国であるザンダー国の地理，人口，経済に関する問題に答えていくというスタイルになっている。そこでは，グループの意思決定とグループ内の調整が必要な問いが含まれており，合意形成のための協同が求められる。

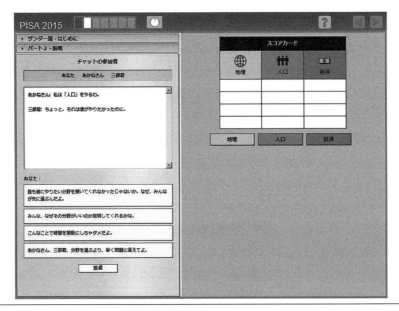

画面8：パート2　分野の選択

　次の画面では，あかねさんと三郎君が二人とも「人口」を担当したいと言う。生徒は二人の意見の不一致を調整する手助けをする必要がある。

　この問題（画面8）の趣旨は，二人の意見の不一致を調整するということであり，正答は，「みんな，なぜその分野がいいのか説明してくれるかな」である。正答率は57.0％（ＯＥＣＤ平均は41.1％）であった。

　この後，あかねさんと三郎くんが「人口」を選んだ理由を説明する。生徒は，三郎くんとあかねさんの説明をふまえて，引き続き二人の意見の不一致を解決する手助けをし，チームとしての活動を進めるという流れとなっている。

　こうした問題に対しては妥当性を疑問視する意見もある。例えば，①協調問題解決の中の一部の能力に特化している，②互いの違いを解消して共通理解を得ようとする「収束モデル」である，③問題がコンピュータ・ゲームのように人工的なものになっているといった批判である（Ｐ・グリフィン，Ｂ・

マクゴー，E・ケア編／三宅なほみ監訳『21世紀型スキル』2014年，北大路書房，219頁)。

　同様の批判は，以前からＰＩＳＡの調査問題に投げかけられてきた。先述したように，従来の学力調査よりも実際の社会生活場面に近い設定になっているものの，妥当性や真正性という点で限界があり，形式性を免れないという批判である。客観テストによる評価の限界とも言える。

　しかし，コンピテンシーの教育とその評価方法の開発の必要性については誰も異論を差しはさまないだろう。

3　教科の本質とは何か―教科固有の「見方・考え方」と深い学び―

「見方・考え方」とは何か

　新学習指導要領のキーワードは，何と言っても「主体的・対話的で深い学び」である。

　2017年12月の中央教育審議会答申における「『主体的・対話的で深い学び』とは何か」の説明を見ると，「深い学び」について次のように書かれている。

　　習得・活用・探究という学びの過程の中で，各教科等の特質に応じた「見方・考え方」を働かせながら，知識を相互に関連付けてより深く理解したり，情報を精査して考えを形成したり，問題を見いだして解決策を考えたり，思いや考えを基に創造したりすることに向かう「深い学び」が実現できているか。
　　　　　　　　　　　　　　　　　　　　　　　　　　　　　　(50頁)

　また，「『深い学び』と『見方・考え方』」の説明を見ると，次のように書かれている。

　○「アクティブ・ラーニング」の視点については，深まりを欠くと表面的な活動に陥ってしまうといった失敗事例も報告されており，「深い学び」

の視点は極めて重要である。学びの「深まり」の鍵となるものとして，全ての教科等で整理されているのが（中略）各教科等の特質に応じた「見方・考え方」である。今後の授業改善等においては，この「見方・考え方」が極めて重要になってくると考えられる。

○「見方・考え方」は，新しい知識・技能を既に持っている知識・技能と結び付けながら社会の中で生きて働くものとして習得したり，思考力・判断力・表現力を豊かなものとしたり，社会や世界にどのように関わるかの視座を形成したりするために重要なものである。既に身に付けた資質・能力の三つの柱によって支えられた「見方・考え方」が，習得・活用・探究という学びの過程の中で働くことを通じて，資質・能力がさらに伸ばされたり，新たな資質・能力が育まれたりし，それによって「見方・考え方」が更に豊かなものになる，という相互の関係にある。（52頁）

　ここには，「深い学び」の実現のためには，その一つの方法として「各教科等の特質に応じた『見方・考え方』を働かせ」ることが必要であること，それから，「見方・考え方」は「育てるべき資質・能力」の三つの柱（生きて働く「知識・技能」，未知の状況にも対応できる「思考力・判断力・表現力等」，学びを人生や社会に生かそうとする「学びに向かう力・人間性等」）を育成するためにも重要であると述べられている。

　こうして，新学習指導要領には教科ごとに教科固有の「見方・考え方」が明示されるようになったのである。ちなみに，『小学校学習指導要領解説・総則編』では，次のように説明されている。

　各教科等の「見方・考え方」は，「どのような視点で物事を捉え，どのような考え方で思考していくのか」というその教科等ならではの物事を捉える視点や考え方である。各教科等を学ぶ本質的な意義の中核をなすものであり，教科等の学習と社会をつなぐものである（以下略）。　　　（4頁）

今回の中教審答申と学習指導要領は，「育てるべき資質・能力」を三つの柱として，コンテンツ・ベースの教育からコンピテンシー・ベースの教育への転換を図ったものであるが，従来の各教科を軽視するということではなく，教科固有の「見方・考え方」を明示している。つまり，子どもたちが「その教科等ならではの物事を捉える視点や考え方」を働かせながら，「資質・能力」の育成をめざそうとしているのである。

　ここで「見方・考え方」が「その教科等ならでは」のものに限定されていることに注目したい。確かに，科学的な見方・考え方，数学的な見方・考え方というのは学問パラダイムに応じた形で存在しているし，それが各教科のコンテンツ（教科内容）の「深い学び」にとって必要になるということも理解できる。

　しかし，今回の答申は，一方では，教科横断的な「コンピテンシー・ベース」の教育を推進しようとしているのだから，そうした教科横断的な「ものの見方・考え方」，言い換えると，一般的・汎用的な認識方法についても言及しないと不十分だろう。比較，仮定，条件，類推など，どの教科にも通用する「見方・考え方」は存在する。そして，その教育は国語科が中核となるべきだろう。言葉を通した思考や認識という点で，国語はすべての教科の基礎になるからである。

　こうして，国語科で学んだ基本的な「見方・考え方」が他の教科でも使うことができるという点，各教科でそれを繰り返し使うことによって「見方・考え方」が確実に身についていくという点を忘れてはならないだろう。

　こうした問題意識から，国語科で育てるべき「見方・考え方」と「深い学び」の関係について考察する。

国語科の「見方・考え方」とは何か

　まず，新学習指導要領に示された国語科固有の「見方・考え方」を見てみよう。

　『小学校学習指導要領解説・国語編』には，次のように述べられている。

言葉による見方・考え方を働かせるとは，児童が学習の中で，対象と言葉，言葉と言葉との関係を，言葉の意味，働き，使い方等に着目して捉えたり問い直したりして，言葉への自覚を高めることであると考えられる。様々な事象の内容を自然科学や社会科学等の視点から理解することを直接の学習目的としない国語科においては，言葉を通じた理解や表現及びそこで用いられる言葉そのものを学習対象としている。このため，「言葉による見方・考え方」を働かせることが，国語科において育成を目指す資質・能力をよりよく身に付けることにつながることとなる。　　　　（11〜12頁）

　他の教科における「見方・考え方」と比べて，国語科の場合はそれを措定するのが困難な面がある。自然科学のように特定の学問的パラダイムが存在していないことが原因である。言語理論にしても文学理論にしても多種多様で，何をもって国語科固有の「見方・考え方」とするかは非常に難しい。この「解説」で説明されている「言葉による見方・考え方」も苦心の産物であろう。しかも，それは特に新しいものではなく，あえて「見方・考え方」という概念・用語を使わなくても，国語科を担当している教師にとっては自明のことである。
　ちなみに算数科では，「数学的な見方・考え方」について，「事象を数量や図形及びそれらの関係などに着目して捉え，根拠を基に筋道を立てて考え，統合的・発展的に考えること」であると規定されている。
　こうした「見方・考え方」の重視は，１でも紹介した，「育成すべき資質・能力を踏まえた教育目標・内容と評価の在り方に関する検討会」の「論点整理」（2014年３月）において，次のような学力の三層構造が提示されたことに由来する。
　㋐　教科等を横断する汎用的なスキル（コンピテンシー）等に関わるもの
　㋑　教科等の本質に関わるもの（教科等ならではの見方・考え方など）
　㋒　教科等に固有の知識や個別スキルに関するもの
　先に述べたように，国語科の場合，イの「教科等の本質」に関わる「教科

等ならではの見方・考え方」が非常に捉えにくい。私はかつて独自の観点から，その問題に論及したことがある。

　まずは言語を「日常言語」と「文学言語」に区分することが有効であろう。前者は言語論理教育の対象として，主に論理的思考力・表現力，正確な伝達という側面に関与する。後者は，文学教育の対象として，主に文学的認識（異化），想像力，言語感覚の側面に関与する。そこにはレトリック認識（詩的なものの見方・考え方）としての対比・比喩・擬人化・象徴・曖昧さ，アイロニー・ユーモア等が含まれてくる。

　これは，ことばの「実用的機能」と「美的機能」にも対応している（池上1984）。
・実用的メッセージ……コード依存－解読－発信者中心，無契性，表示義
・美的メッセージ……コンテクスト依存－解釈－受信者中心，有契性，共
　　　　　　　　　示義
　こうした二つの観点からメタ言語意識を育てる必要がある。

（奈須・江間前掲書，72〜73頁）

　このように「国語科ならではのものの見方・考え方」を記号論的な観点から解明していくことは，この問題に対する一つのアプローチと言える。
　いずれにしても，国語科の場合，いかなる「見方・考え方」をいかに育てるかということがはっきりしていない。また，先に述べたように，教科横断的なコンピテンシーとしての「思考力・判断力・表現力」として，いかなる「見方・考え方」を育てるのかということもはっきりしない。さらに，「見方・考え方」を働かせることと「深い学び」との関係もはっきりしていない。
　本書の第4章では，そうした問題を解明するための手がかりとして，「国語科でものの見方・考え方を育てる」という目標を掲げた先駆的な試みとして，西郷竹彦氏（文芸教育研究協議会）の理論と実践について検討することにしたい。

4 先導的なコンピテンシー教育論
―浜本純逸氏の学力論を中心に―

　ここでは，これからのコンピテンシー・ベースの教育のあり方を考えるために参照すべき先行研究として，浜本純逸氏の学力論を取り上げることにしたい。

浜本純逸氏による「基礎」と「基本」の区別

　従来の学習指導要領において，「基礎・基本の徹底」とか「基礎的・基本的な知識及び技能」といった用語がたびたび使われてきた。これまでの学力論の中でも，ナカグロで並記されている「基礎」と「基本」をどのように考えるか，どう区別するかについて，さまざまな議論があった。

　浜本純逸氏の学力構造モデルでは，「基礎学力」とは「各教科で育てる学力」であり，「基本学力」とは「全教科で育てる学力」であると規定されている（浜本純逸『国語科教育論』1996年，溪水社，43～46頁）。つまり，教科固有の指導領域と教科共通の指導領域に分けて考えるのである。

　浜本氏によれば，国語科の場合，「基礎」にあたるものが，①「言語事項の知識と活用力」，②「言語活動力（聞く力・話す力・読む力・書く力）」，③「言語文化を享受し，創造する力」である（ただし著書・論文により多少の異同がある）。一方，全教科で育てる「基本」にあたるものが，「認識諸能力」と「自己学習力」である。

　現代風に言い換えると，「基礎」は各教科で教えるべき知識・技能としての「コンテンツ」であり，「基本」は教科横断的な汎用的能力としての「コンピテンシー」ということになる。

　以下では，コンピテンシー・ベースの教育を構想するという観点から，浜本氏の言う「基本学力」について詳しく見ていくことにしよう。

コンピテンシーとしての「認識諸能力」と「自己学習力」

浜本氏によると,「認識諸能力」とは,「観察・感受・分類・比較・類推・想像・選択・分析・総合・構造化などの,認識に至る探究の過程に働く能力」である(前掲書,45頁)。これは,西郷竹彦氏の「認識の方法」(第4章を参照)と共通する部分が少なくない。

一方,「自己学習力」とは,①学習意欲,②問題発見力,③学習構想力,④情報操作力(収集力・選択力・産出力・発表力),⑤自己評価力の五つである。浜本氏はその系統試案も提示している。

例えば,「情報操作力」のうちの「選択力」を見ると,次のようになっている。

【小学校低学年】
　1見聞きしたり読んだりして,必要なものを選ぶ。

【小学校中学年】
　1情報を比較分類し,目的に応じたものを選ぶ。

【小学校高学年】
　1目次・索引をつかって調べる。
　2情報を比較分類し,軽重を考えて必要なものを選択する。

【中学校】
　1目録を活用して本を選ぶ。
　2資料を多く集め,批判的に考察して必要なものを選択する。

同じく「産出力」は次のようになっている。

【小学校低学年】
　1メモを取る。

【小学校中学年】
　1要旨をまとめる

【小学校高学年】
　1選んだ情報へ自分の考えを重ね,自分の意見・主張を作る。

【中学校】

 1 仮説を立てて資料を集め根拠をもって推論する。

 2 矛盾する事実（資料）を生かして自分なりの意見を形成する。

（前掲書，44〜46頁）

 細かい部分ではさらに検討すべき点も見られる。例えば，「選択力」と「産出力」の間に「分析力」を措定していないのはなぜかといった問題である。しかし，こうした「認識諸能力」や「自己学習力」はこれからの社会を生きていくために必要になる資質・能力であることは間違いない。いずれも20年以上前に浜本氏が提唱した「新単元学習」の土台となる学力であるが，今日的に見ても重要なコンピテンシーと言えよう。

 なお，私の用語法では，「基礎」は〈教科内容〉，「基本」はもっと広い〈教育内容〉にあたる。〈教科内容〉とは，各教科で教えるべき学問的な概念・法則・原理・技術をさしている。これに対して，〈教育内容〉とは，教科の枠を超えて共通に身につけさせるべき基本的な指導事項をさしている。（拙著『〈解釈〉と〈分析〉の統合をめざす文学教育〜新しい解釈学理論を手がかりに〜』2010年，学文社，444頁。本書64〜65頁も参照。）

 もっと具体的に言うと，「基礎学力」は，言語知識（国語の特質や伝統的な言語文化についての知識）や言語技術（国語表現の本質や原理をふまえた読み方・書き方・話し方・聞き方）である。一方，「基本学力」は，思考・認識の方法（類比・対比・順序・条件・仮説・関連・類推などの方法）や学習の方法（情報の収集・整理・分析・活用などの方法）である（もちろん「基本」は他の教科にもあてはまる）。前者が国語科固有のコンテンツ，後者が教科横断的なコンピテンシーということになる。

コンピテンシーとしての「21世紀型スキル」

 海外の動向にも目を向けてみよう。2009年に発足した「21世紀型スキルの学びと評価（ATC21S)」プロジェクト（代表理事はメルボルン大学のB・

マクゴー）は，コンピテンシーに関する各国・各機関の調査研究をもとに，21世紀に必要となるスキルとして，次の四つのカテゴリーに分類される10のスキルを抽出した（ＫＳＡＶＥモデル）。

【思考の方法】

　　1 創造性とイノベーション

　　2 批判的思考，問題解決，意思決定

　　3 学び方の学習，メタ認知

【働く方法】

　　4 コミュニケーション

　　5 コラボレーション（チームワーク）

【働くためのツール】

　　6 情報リテラシー

　　7 ＩＣＴリテラシー

【世界の中で生きる】

　　8 地域とグローバルのよい市民であること（シチズンシップ）

　　9 人生とキャリア発達

　　10 個人の責任と社会的責任（異文化理解と異文化適応能力を含む）

　　（Ｐ・グリフィン，Ｂ・マクゴー，Ｅ・ケア編／三宅なほみ監訳『21世紀型スキル～学びと評価の新たなかたち～』2014年，北大路書房，22～23頁）

　さらに，同プロジェクトでは，それぞれスキルを①知識，②技能，③態度・価値・倫理の三つの項目に分類して説明している。

　当然のことながら，ＯＥＣＤの「キー・コンピテンシー」と重なっている点が多い。また，先に取り上げた浜本純逸氏の学力論とも共通する部分が見られる。例えば，「2 批判的思考，問題解決，意思決定」，「3 学び方の学習，メタ認知」，「6 情報リテラシー」である。

　さすがに「情報操作力」に関しては，近年のＩＣＴのめざましい発展・普及によって，「情報リテラシー」の他に「ＩＣＴリテラシー」が加えられている。ＰＩＳＡ2009年調査でも「デジタル読解力」が新たな調査項目に入っ

たように，これからの社会ではインターネットなどを利用した情報収集・分析の技術が必要になっている。しかし，浜本氏が取り上げた「収集」「選択」「産出」「発表」という基本的な「情報操作力」の重要性については現在も変わるところはない。

　こうしたコンピテンシーのモデルは，その背後に育成すべき人間像がある。「こういう人間を育てたい」というとき，そこにはさまざまな立場が存在するし，各国・各地域特有の事情も存在する。しかし，それらの違いを超えて，最低限必要になる汎用的な資質・能力を明確化しようとすることは意味がある。浜本氏の学力構造モデルも，「21世紀型スキル」も，西郷氏の「認識の方法」もそのための有力な材料となるだろう。

5　コンピテンシーとしての論理的思考
　　―根拠・理由・主張の３点セット―

根拠・理由・主張の３点セット

　ここから，いま求められるコンピテンシー（教科の枠を超えた汎用的な能力）について各論的に見ていくことにしたい。

　まずは，論理的思考力（表現力）を取り上げることにしたい。これについては，１で紹介した「今後のコンピテンシー・ベースの教育への提言」においても「問題解決能力」「コミュニケーション能力」と並んで例示されていた（「育成すべき資質・能力を踏まえた教育目標・内容と評価の在り方に関する検討会」（安彦忠彦座長）の「論点整理」2014年3月）。

　日本の子どもたちは，各種の学力調査で，資料を読んで自分の考えを論理的に述べるという問題に対する無答率が高いことが明らかになっている。中教審答申（2016年12月）においても，「判断の根拠や理由を明確に示しながら自分の考えを述べ」ることに課題があるとの指摘がある。社会に出てからも広く使える汎用的スキル（コンピテンシー）として，論理的思考力・表現力は今後ますます重視されるようになるだろう。

私はかねてから論理的思考のツールとして「根拠・理由・主張の３点セット」を提唱している。これは，トゥルミン（S.Toulmin）の論証モデルに由来するもので，「三角ロジック」とも呼ばれてきた。

　トゥルミンは，説得力ある議論をするために，次の六つの基本要素が必要だと述べている。

・主張（Claim）：結論
・事実（Data）：主張の根拠となる事実・データ
・理由づけ（Warrant）：なぜその根拠によって，ある主張ができるかという説明
・裏づけ（Backing）：理由づけが正当であることの証明
・限定（Qualifiers）：理由づけの確かさの程度
・反証（Rebuttal）：「〜でない限りは」という条件

　（S・トゥールミン／戸田山和久・福澤一吉訳『議論の技法〜トゥールミンモデルの原点〜』2011年，東京図書）

このモデルを使って，ピーマンがきらいな人に対して，「ピーマンを食べよう」という主張をしてみると，どうなるだろうか。

　例えば，次のようになる。

自然食品の中で（Q：限定）

他にビタミンCがさらに多く含まれている食品がない限り（R：反証）

ピーマンにはビタミンCが多く　　→　ピーマンを食べよう。
含まれている（D：事実）　　　　　　　（C：主張）

ビタミンCは人間の健康維持には必要不可欠である。
　　　　　　　　　　　　　　　　　　（W：理由づけ）

ビタミンCが不足すると，壊血病や感染症になりやすくなる。
　　　　　　　　　　　　　　　　　　（B：裏づけ）

単に「ピーマンを食べよう」と主張するよりも，はるかに説得力に富んだものになっていることが分かるだろう。

事実（D）は，主張（C）を支える根拠となるもので，ここでは「ピーマンにはビタミンCが多く含まれている」という事実をあげている。

実際，次のようなデータがある。

【食品100ｇ当たりのビタミンCの含有量（単位：mg)】

赤ピーマン	170
黄ピーマン	150
ゆず（果皮）	150
アセロラジュース	120
パセリ	120
芽きゃべつ	110
レモン（全果）	100
なすのからし漬	87
ケール	81

(http://www.eiyoukeisan.com/calorie/nut_list/vitamin_c.html)

理由づけ（W）は，「ピーマンにはビタミンCが多く含まれている」という事実から，なぜ「ピーマンを食べよう」という主張ができるのかを説明するものである。この場合は，「ビタミンCは人間の健康維持には必要不可欠である」という理由づけがなされている。他にも「お肌の美容に必要である」といった理由づけも可能である。

裏づけ（B）は，医学的な知見を持ち出して，理由づけをより合理的なものにしている。ちなみに「壊血病」とは毛細血管がもろくなり，皮下や歯ぐきなどから出血する病気である。

限定（Q）は，「サプリメントでもビタミンCは摂取できるじゃないか」という考え方をあらかじめ除外しておく役割を持っている。

反証（R）は，「レモンやキウイを食べればいいじゃないか」という考え

方をあらかじめ除外しておく役割を持っている。

　こう見てくると,「トゥルミン・モデル」を使うと,主張が説得力を増してくることが分かるだろう。

　これを単純化したものが「三角ロジック」である。

根拠（客観的な事実・データ）
　↓←理由づけ（事実・データに基づく推論・解釈）
主張（結論）

「根拠（evidence）」とは,誰が見ても明らかな証拠資料（客観的な事実・データ）のことである。狭義には,書かれたテキストのことである。文章の中の文・言葉,グラフや図表に示された数字,絵や写真に表されたものなどである。広義には,話されたテキスト（発言）も「根拠」となる。また,誰もが見聞・経験を通して知っているような事実も「根拠」となる。要は「誰が見ても明らかな」という点がポイントである。自分が経験した事実は,いくら事実であったとしても「根拠」とはならない。なぜなら,それは自分しか知らないことで,第三者が確かめようがないからである。

　次に,その根拠がなぜ主張を支えることになるのか,どうしてその証拠資料からその主張ができるのかを説明するのが「理由づけ（reasoning）」である。言い換えると,主張と根拠をリンクさせるのが「理由づけ」の役目である。つまり,根拠となる事実やデータをあげるだけでは,論証にならないのである。

　また,説得力という点で言えば,一般的な理由ではなく具体的な理由であることが大切である。そのためには自分の既有知識や生活経験と結びつけて（似ている経験から類推して）考えることが大切である。（この点については6で詳しく説明する。）

　論理的思考力・表現力の育成にとって,「理由づけ」は最も重要であるが,最も困難な課題でもある。「根拠」はあげることができても「理由づけ」が

うまくできない子どもたちが多い。これは単に論理的思考力の育成ということのみならず，子どもたちの人間関係づくりにも関わる重要な課題である。「人間関係スキル」「社会スキル」というコンピテンシーの教育につながっている（後述）。

　「根拠・理由・主張の３点セット」の具体的な実践については，拙著『対話・批評・活用の力を育てる国語の授業〜ＰＩＳＡ型読解力を超えて〜』（2010年，明治図書），『論理的思考力・表現力を育てる言語活動のデザイン小学校編・中学校編』（2014年，明治図書），『授業で使える！論理的思考力・表現力を育てる三角ロジック〜根拠・理由・主張の３点セット〜』（2017年，図書文化社）などで詳しく紹介してきたので，参照されたい。

　ここでは，最近，出会った実践から，二つの授業事例を紹介することにしたい。

「大造じいさんとガン」（椋鳩十）の授業
―「心に響いた表現　私はこれ！　ぼくはここ！」―

　金森恵子教諭（大月市立猿橋小学校：当時）は2016年度に私の研究室に一年間内地留学され，そのときに「根拠・理由・主張の３点セット」を活用した授業づくりに取り組んだ。教材は「大造じいさんとガン」（小学校５年）で，主な学習課題は物語の中で自分の「心に響いた表現」を取り出して，その理由を考えて発表し合うというものであった。その際，自分の生活経験と結びつけて理由づけをするということが大きなねらいであった。

　子どもたちからは次のような発表があった。

　「冷え冷えするじゅうしんをぎゅっとにぎりしめました」（根拠）
　ずっと待っていたこの時がきて，きんちょうしているようすが目にうかんだから。わたしもきんちょうすると力が入ってしまうことがあるから。（理由）

「いつまでも，いつまでも，見守っていました。」（根拠）

　大造じいさんの優しさと温かさが伝わってきたからです。私も林間学校のときに見送られてうれしかったです。（理由）

「こんな命がけの場合でも飼い主のよび声を聞き分けたとみえて，ガンは，こっちに方向を変えました」（根拠）

　ぼくもこんな体験をしたことがあって，ぼくは犬を飼っていて，ねこと戦っているときでも，ぼくの声に反応してくれたことです。ぼくは犬を信じているし，ぼくのことを信じてくれていると思うので，ガンは大造じいさんを信じていたと思ったので，書きました。（理由）

ふつうは「東の空が真っ赤に燃えて，朝が来ました」や「快い羽音一番，一直線に空へ飛び上がりました」といった表現が多く出されるだろうと予想していたが，このように自分の生活経験と結びつけて考えることによって，実に多種多様な表現に着目するようになっている。自分の意見との違いが明確になり，「Aさんの考えは自分になかったので面白い」「Bさんの考えを聞いて自分にも同じような経験があるのを思い出した」といった意見交流が活性化することになる。しかも，それぞれの経験に基づいて考えているだけに，単に美しい表現をあげるというのではなく，〈わがこと〉として「心に響く」表現を捉えていることが分かる。

　これがまさに「主体的・対話的で深い学び」の姿と言えるだろう。ちなみに，私はそれを次のように定義している。

自分の既有知識や生活経験などに基づいてテキストを解釈することによって，学びの対象となる世界を〈わがこと〉として考え，他者（教師や他の子どもたち）との対話・交流を通して認識を深め，既有知識の再

構成，新たな知識の生成に向かうような知識活用型・知識創造型の学び
のことである。

「根拠・理由・主張の３点セット」はこうした学びのための有力なツール
である。

特別支援学級の実践から

湯汲英史氏は，発達障害の子どもの「生きる力」の育成という観点から，
次のように述べている。

　「子どもたちの不適切な行動は，理由の必要性を理解していない，理由
　表現が十分でない，自己流の理由にこだわるなど，理由づけと関係してい
　ることがあります。不適切な行動の原因を探るとともに，理由の理解度を
　探り，あわせて理由表現を教えます。」（『子どもと変える　子どもが変わる関
　わりことば～場面別指導のポイント～』2010年，明石書店，37頁）

岸田千聖教諭（町田市立鶴川第四小学校・当時）は「どんぐり学級」で，
「自分の意見を理由とともに発表し，自分と異なる友だちの意見を聞く」と
いうことを重視している。

「走れ」（小学校４年）の授業を取り上げてみたい。授業のめあては「自分
の体験を重ねながら，中心人物の気持ちを想像しよう」である。その際，話
し合いの手だてとして，「根拠・理由・主張の３点セット」を導入している。

第一場面の「のぶよ」の気持ちを考えるという学習課題では，次のような
意見が出された。

①のぶよの気持ち

　運動会に出たくない

②文章

　50ページ５行目「ん……，たぶんね。」

③理由

　けんじとお母ちゃんいがいにも，みんなもみている中で走ると，「足お

そいね」とか言われるかもしれないと思ってプレッシャーになるから。ぼくも短きょり走のときに，おうえんされるのはうれしいけど，プレッシャーになるから。

　岸田教諭は，理由づけに生活経験を含ませるために，次のような指導を行ってきた。
　・運動会練習のタイム測定で「応援されなかったとき」と「応援されたとき」の気持ちを作文に書く。
　・運動会後の作文を書く。
　・ユニークなネーミングによる話型の提示。
　　コンビ……主張に理由がついているもの。
　　バリューセット……根拠・理由・主張が揃っているもの。
　　ハッピーセット……バリューセットのうち，理由に生活経験が入っているもの。

　このようなネーミングは「根拠・理由・主張の３点セット」を子どもたちに分かりやすく説明し，身近なものと感じさせる上で大変に効果的である。

6　コンピテンシーとしての「類推」
　　—「未知の状況にも対応できる」思考力のために—

「類推」という思考

　いま求められるコンピテンシー（教科の枠を超えた汎用的な資質・能力）として,「類推」を取り上げることにしたい。

　先の中央教育審議会の答申（2016年12月）では,教育課程全体を通して育てるべき「資質・能力」の三つの柱の一つとして,「未知の状況にも対応できる『思考力・判断力・表現力等』」があげられた。ここでは「未知の状況にも対応できる」という点がポイントである。これからの社会はますます複雑化・流動化していくことが予想される。想定外の出来事,予測不可能な出来事も起こるだろう。そんな「未知の状況」に遭遇したときに適切に問題解決できる能力が必要となる。単なるマニュアルでは対応できないのである。

　そのような状況で大切になってくるのが「類推（アナロジー）」という思考法である。近年,認知心理学の分野で研究が蓄積されている。

　「類推」とは,「過去の類似した経験を現在の場面に適用するためのメカニズム」であり,「現在の問題状況とまったく異なった領域で経験されたことであるにもかかわらず,現在の問題状況と本質的な意味で類似しており,その問題を解くのに役立つ」と言われている（鈴木宏昭『認知科学モノグラフ①類似と思考』1996年,共立出版,11頁）。

　つまり,現在直面している「未知の状況」に対して過去の類似の経験から推し量って問題解決を図ることである。「以前こういうことがあったとき,こうやったらうまくいった。今回の状況もそのときに似ているから同じようにやればうまくいくだろう」と考えることである。認知心理学では,過去の類似の経験を「ベース領域」,それを適用する現在の状況を「ターゲット領域」と呼ぶ。

　こう見てくると,「類推」は「未知の状況にも対応できる思考力・判断

力・表現力等」として重要な役割を持っていることが分かる。

　認知心理学の類推研究でしばしば例に出されるのが「放射線問題」である。これは次のような問題である。

> 　ここに胃がんの患者がいます。ある事情から患部を切除することができないので，この治療に放射線を使おうと思います。しかし，治療に十分な量の放射線を照射すると，正常な細胞まで破壊してしまいます。また，正常な細胞を破壊しない量の放射線ではがん細胞を破壊することはできません。あなたならどういう方法でこの患者を治療しますか。

　一つの答えとして，「正常な細胞を破壊しない弱い放射線をさまざまな方向から患部でちょうど交わるように照射する」というものがある（鈴木前掲書，29頁）。

　こうした考え方を導くために使われる類似の経験（ベース領域）としては，次のようなものがある。

・火災になっている建物の窓枠を壊さないように一気に消火しなくてはならないという状況に似ている。火事の場合は一つの方向から強い圧力で放水すると窓枠が壊れてしまうので，圧力を弱め分散させて，周囲の複数の方向から同時に放水して中央で集中させるという方法が有効である。これが放射線治療にも使えるのではないか。

（甲田直美『文章を理解するとは〜認知の仕組みから読解教育への応用まで〜』2009年，スリーエーネットワーク，107頁）

　このように既有の知識・経験をもとに類推することによって，未知の状況にも対応できるようになるのである。

「類推」による詩の解釈

次に，詩の授業における「類推」の事例を見ていこう。

鹿

村野四郎

鹿は　森のはずれの
夕日の中に　じっと立っていた
彼は知っていた
小さい額が狙われているのを
けれども　彼に
どうすることが出来ただろう
彼は　すんなり立って
村の方を見ていた
生きる時間が黄金のように光る
彼の棲家である
大きい森の夜を背景にして

（『亡羊記』一九五九年）

斎藤喜博氏は，この詩の最大のポイントである「生きる時間が黄金のように光る」という表現をめぐって，次のような「たとえばなし」をしている。

　皆さんの仲のよい友だちが転校していったので駅まで送っていった。その子と別れると，もう一生会えないかわからない。そう思うと，一分でもよけいにいっしょにいたくなる。けれども列車はあと一分か二分で出てしまう。そんなときの感じですね。（中略）この鹿の場合も，いままではそんなに時間が短いとは思わなかったのに，鉄砲を向けられ，いよいよあと少しで死ななければならなくなったとき，時間がひどく短く大切なものになってきた。いままでの何年という生活が，何分か何秒かにちぢめられ，濃くなったようになった。だから〈生きる時間が黄金のように光る〉ようになった。

（斎藤喜博編著『続・介入授業の記録』1978年，一莖書房，47頁）

一般の読者もそうだが，特に子どもは，この詩の世界を理解するための既

有知識・経験が欠けている。自らが死を直前に控えた状態に置かれるということは滅多にあるものではない。しかし，そういう経験がなくてもこの詩を味わうことはできる。大人の場合は，いろいろな知識・経験を参照し，それらを総合することによって，この詩にふさわしい理解を形成することができるが，子どもの場合，自力では難しい。そこで教師による援助（足場かけ）が必要となる。

　先の「たとえばなし」は，親友との別れという例を示すことによって，別れ際の短い時間の中に凝縮された充実した生のありよう，すなわち〈生きる時間が黄金のように光る〉という心的状況を具体的に理解していく上で効果的なものとなっている。

　子どもたちが鹿の内面を生きることが促され，作品との豊かな出会いがもたらされたという点で，この「たとえばなし」は適切なものであったと考えられる。だからこそ教師の説明が説得力を持つことになるのである。（斎藤喜博氏の「たとえばなし」については第2章5でも取り上げる。）

　この他にも似たような経験をもとに類推することによって，この鹿の心境を他人事（ひとごと）ではなく自分事（わがこと）として切実に理解することができる。例えば，この詩に近い状況（目前に迫る死）としては，自分のおじいちゃんやおばあちゃん，大切に飼ってきたペットがもうすぐ死を迎えるという経験があげられる。また，状況は全く異なるように見えるが「本質的な意味で類似」した状況としては，長年通い慣れた学校を卒業する日が迫っているという状況，夏休みが明日で終わるという状況，大好きな歌手のライブが最後の曲を迎えたという状況，部活の引退試合がもうすぐ終わるという状況などがあげられるだろう。いずれも充実した生が終わるときが迫っている中で，それまでの時間が「黄金のように光る」ように感じられるという経験である。それが死という文脈から外れていたとしても，濃縮された時間の輝き（価値の極大化）という本質的な意味は変わらない。

　なお，「類推」という思考方法が活用された授業の具体的な事例については，拙著『論理的思考力・表現力を育てる言語活動のデザイン　小学校編・

中学校編』（2014年，明治図書），『授業で使える！論理的思考力・表現力を育てる三角ロジック〜根拠・理由・主張の３点セット〜』（2017年，図書文化社）などを参照していただきたい。

　周知のように，新しい教育課程では「主体的・対話的で深い学び（アクティブ・ラーニング）」が強調されている。多様な授業形態・学習活動があり得るが，私は，どの教科・教材にもあてはまる，その学びの根本原理を次のように捉えている（再掲）。

> 　自分の既有知識や生活経験などに基づいてテキストを解釈することによって，学びの対象となる世界を〈わがこと〉として考え，他者（教師や他の子どもたち）との対話・交流を通して認識を深め，既有知識の再構成，新たな知識の生成に向かうような知識活用・創造型の学びのことである。

　そこで大切な働きをするのが，「類推」による思考である。
　このように，「類推」はアクティブ・ラーニングの中心的な位置を占めている。なお，「類推」には「類比」「関連」「推測」といった思考も組み込まれている。

「類推」の留意点

　類推思考は有効である場合が多いが，何でもかんでも類推すればよいというものではない。
　先に述べてきたように，「ターゲット領域」と「ベース領域」の本質的な類似がポイントである。つまり，自分の既有知識・経験をもとに類推する場合，テキストを自分の知識・経験（前理解）と安易に，または強引に結びつけてはいけないということである（拙著『〈解釈〉と〈分析〉の統合をめざす文学教育〜新しい解釈学理論を手がかりに〜』2011年，学文社，312〜313頁）。生活経験からの類推によるテキスト理解とは私の言う〈解釈〉という行為に他な

らない。私は〈解釈〉の陥りやすい問題を克服するために，客観的なテキストの構造や表現の〈分析〉による検証が必要だと指摘してきた。

「根拠・理由・主張の３点セット」で言えば，客観的な根拠（テキストに書かれてあること）に基づいた合理的な理由づけが必要だということになる。

7　大学入学共通テスト試行問題の検討―「根拠」を問い直す―

記述式問題の導入？

2020年度から実施される大学入学共通テストでは，従来のマークシート式の問題に加えて，新たに記述式の問題が導入されることになっていた。その準備として，試行問題も公表されていた。（しかし，その後，採点方法などをめぐって疑義が出され，2019年12月になって見送りが決まった。）

ここでは，その試行問題「国語」（2017年度）を取り上げて，「根拠・理由・主張の３点セット」の観点から検討してみることにしたい。2020年度には実施されないとしても，その問題を国語教育学的に検討することは意味があると考えるからである。

国語は第１問が記述式問題になっている。青原高等学校の生徒会部活動委員会の執行委員会で，翌週の生徒会部活動委員会に提案する議題を検討する話し合いの様子（会話文）と次の資料①〜③をもとに，問１〜問３に答えるというものである。

以下では，問３を取り上げてみたい。

【資料①】

部活動に関する生徒会への主な要望

要望の内容	要望したクラス	生徒会意見箱に 投函された数
ダンス部の設立	1年A組　1年B組 1年C組	35通
部活動の終了時間の延長	1年D組　2年C組 2年D組	28通
シャワー室の改修	3年A組　3年B組	19通
照明機器の増設	2年A組　3年D組	15通
兼部規定の見直し	3年C組	25通
同好会規定の見直し	2年B組	13通

・投函された意見の総数は148通，そのうち部活動に関する要望は135通。
・今年度4月末の生徒総数は477人。各学年は4クラス。

【資料②】

市内5校の部活動の終了時間

高等学校名	通常時	延長時	延長に必要な条件
青原高等学校	17時00分	—	—
青春商業高等学校	17時00分	18時00分	大会・発表会等の前かつ顧問の許可
白鳥総合高等学校	18時30分	—	—
赤雲学園高等学校	17時00分	18時00分	顧問の許可
松葉東高等学校	17時00分	18時30分	顧問の許可

【資料③】

青原高校新聞 （平成28年9月7日　文化祭特別号　青原高等学校新聞部）　抜粋

青高生の主張

「部活動の充実」の内訳
総回答数：274

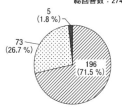

- 5 (1.8 %)
- 73 (26.7 %)
- 196 (71.5 %)

- ▨ 部活動の終了時間の延長
- ▩ 兼部条件の緩和
- ■ 外部指導者の導入

青原高校に求めるもの（複数回答可）
総回答数：522

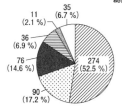

- 35 (6.7 %)
- 11 (2.1 %)
- 36 (6.9 %)
- 76 (14.6 %)
- 90 (17.2 %)
- 274 (52.5 %)

- ▨ 部活動の充実
- ■ 施設設備の充実
- ▩ 教育相談の充実
- 学校行事の改善
- ▤ 授業の工夫改善
- □ その他

第一位は「部活動の充実」

新聞部「青高アンケート」結果発表

先日、新聞部が実施した「青高アンケート」（七月十五日実施）の結果によると、学校側への要望で、最も多かったものは「部活動の充実」、二番目は「学校行事の改善」であった。

「部活動の充実」の内訳では、「部活動の終了時間の延長」という回答が最も多かった。これは、秋の新人戦・作品展に向けた練習・準備が活発化する中、近隣高校に比べて活動時間が短い、という思いの表れであろう。

硬式野球部主将の中野さんは、「青原高校の生徒は、部活動があるからといって学業をおろそかにするとは考えられない」と語る。また、吹奏楽部部長の樋口さんは、「部活動を一生懸命やりたい後輩は、白鳥総合高校を目指してしまうから、ぜひ部活動の終了時間を延長してほしい」と訴えた。

しかし、部活動の終了時間の延長の実現には課題もある。青原市作成の「通学路安全マップ」によれば、本校の通学路は、歩道も確保できないほど道幅が狭い。また、交通量のピークは午前七時前後と午後六時前後とされている。生徒指導担当の織田先生は、「部活動の終了時間の延長を認めた場合、生徒の下校が集中する時間帯の安全確保に問題が生じるのではないか」と語っている。

問３は，部活動の終了時間の延長を提案するという方向性はよいが，その実現のためには課題もあると考えている森さんが話し合いの中で何と述べたと考えられるか，次の(1)～(4)の条件を満たすように書くという問題である。
(1)　２文構成で，80字以上，120字以内で書くこと。
(2)　１文目は「確かに」という書き出しで，具体的な根拠を２点挙げて，部活動の終了時間の延長を提案することに対する基本的な立場を示すこと。
(3)　２文目は「しかし」という書き出しで，部活動の終了時間を延長するという提案がどのように判断される可能性があるか，具体的な根拠と併せて示すこと。
(4)　(2)・(3)について，それぞれの根拠はすべて【資料①】～【資料③】によること。
　公開された正答例は次のようなものである。

　確かに，部活動の終了時間の延長の要望は多く，市内に延長を求める高校も多いことから，延長を提案することは妥当である。しかし，通学路は道幅も狭い上に午後六時前後の交通量が特に多いため，安全確保に問題があり，延長は認められにくいのではないか。(118字)

「正答例」の問題～具体的な根拠をあげること～

　この正答例には問題がある。何よりもまず，解答の条件となっている「具体的な根拠」をあげていない。資料に示された具体的な事実・データをあげるべきなのに，それを要約して示しているにすぎない。それにともなって，根拠と理由の区別もあいまいになっている。
　小・中学校の全国学力調査の国語問題では，根拠となる叙述をもとに理由づけをして自分の考えを述べるという設問が多い。そして，その問題の正答率が低いという結果が出ている（例えば平成29年度の小学校６年・問３の三は正答率が43.7％）。こうした実態を無視して作成していると言われても仕

方ない。大学入試はそれらの頂点に立つ学力テストであるから，小・中学校，高校の学習内容をきちんとふまえてほしい。この種の問題では，根拠となる事実・データを「引用する」ことが不可欠である。周知のように，これは小学校３・４年の指導事項である。

　もう一度，設問にもどろう。

　資料①における根拠としては，次のことがあげられる。

・「部活動の終了時間の延長」を要望したクラスは３クラス（第一位）。意見箱の投函数は28通（第二位）。

　資料②における根拠としては，次のことがあげられる。

・部活動の終了時間は，市内５校のうち青原高校だけが17時。他の４校は延長可能または18時30分まで活動可能。

　資料③における根拠としては，次のことがあげられる。

・新聞部のアンケートによると，学校への要望として最も多かったのが「部活動の充実」（52.5％）。そのうち「部活動の終了時間の延長」が71.5％と最も多い。

・青原市作成の「通学路マップ」によると，「本校の通学路は，歩道も確保できないほど道幅が狭い」。また「交通量のピークは午前七時前後と午後六時前後とされている。」

・青原高校の生徒指導担当の織田先生は「生徒の下校が集中する時間帯の安全確保に問題が生じるのではないか」と語っている。

　これらが「具体的な根拠」となる。

　以上をふまえて，正答例を書き直すと次のようになる。

【新正答例１】

　確かに，部活動の終了時間の延長を要望するクラスは３クラスと最も多く，市内の他の高校は４校すべて本校よりも終了時間が遅いことから，延長を提案することは妥当である。しかし，生徒指導担当教員が「安全確保に問題が生じる」と語っていることから，学校が延長を認めることは難しいと考えられる。（139字）

【新正答例２】

　確かに，学校への要望として最も多いのが「部活動の充実」（52.5％）で，そのうち「部活動の終了時間の延長」が71.5％と最も多いことから，延長を提案することは妥当である。しかし，「通学路マップ」によると，「本校の通学路は，歩道も確保できないほど道幅が狭い」上に，「午後六時前後」が「交通量のピーク」となっていることから安全面の問題があり，延長は難しいだろう。(174字)

　いずれも制限字数（120字以内）を超えているが，「具体的な根拠」をあげて理由を述べるためには，このくらいの字数は最低限必要になる。となると，記述の分量（制限字数）がこのままでよいのかという問題も浮かび上がってくる。

　なお，正答の基準にも問題がある。大学入試センターによれば，次の条件をすべて満たしていることが必要になる。

---

①80字以上，120字以内で書かれていること。

②２文で書かれていること。

③１文目が「確かに」という書き出しで書かれており，かつ，それに続く文脈において，次の３つの内容がすべて書かれていること。
　ⅰ「部活動（の終了）時間の延長の要望が多い」ということ。
　ⅱ「（市内に）部活動（の終了）時間の延長を認める高校も多い」ということ。
　ⅲ部活動（の終了）時間の延長を「提案することは妥当である」ということ。

④２文目が「しかし」という書き出しで書かれており，かつ，それに続く文脈において，次の２つの内容がすべて書かれていること。
　ⅰ「（通学路の）安全確保に問題がある」ということ，「通学路は道幅も狭い上に午後六時前後の交通量が特に多い」ということのどちらかが書かれていること。なお，両方書かれていてもよい。

> ⅱ部活動（の終了）時間の「延長は認められにくい」ということ。

　この基準に従うと，先にあげた【新解答例2】は条件③のⅱを満たしていないため不正解となる。しかし，「具体的な根拠を2点挙げて，部活動の終了時間の延長を提案することに対する基本的な立場を示すこと」ができているので，不正解とは言い難い。このような基準で公正かつ客観的な採点が保障できるのか疑問である。

　将来の実施に向けて，設問や採点基準のさらなる改善を望みたい。
（※大学入学共通テストの試行問題は大学入試センターのホームページで公開されている。）

8　コンピテンシーとしての「学びに向かう力，人間性等」とは何か

「学びに向かう力，人間性等」とは

　ここでは，「育てるべき資質・能力」の三つの柱のうちの「学びに向かう力，人間性等」について取り上げることにしたい。これについては「具体的な内容が分かりにくい」「生得的な部分が多いので教育できないのではないか」といった声があり，授業目標の設定をどうするかという問題にも大きく関わっているからである。

　1で紹介したように，「育成すべき資質・能力を踏まえた教育目標・内容と評価の在り方に関する検討会」（安彦忠彦座長）は，「生きる力」の具体的な内容，教科との関係などを明らかにした。その「論点整理」（2014年3月）では，「教科等を横断する汎用的なスキル」として，次のようなものがあげられていた。

> 1 汎用的なスキル等としては，例えば，問題解決，論理的思考，コミュニケーション，意欲など。
> 2 メタ認知（自己調整や内省，批判的思考等を可能にするもの）

中央教育審議会答申（2016年12月）では，「資質・能力」の「三つの柱」が次のように定められている。

　①何を理解しているか，何ができるか（生きて働く「知識・技能」の習得）

　②理解していること・できることをどう使うか（未知の状況にも対応できる「思考力・判断力・表現力等」の育成）

　③どのように社会・世界と関わり，よりよい人生を送るか（学びを人生や社会に生かそうとする「学びに向かう力・人間性等」の涵養）

　これらは，新学習指導要領（総則）では，①知識及び技能，②思考力，判断力，表現力等，③学びに向かう力，人間性等と簡略化されている。このうち「学びに向かう力，人間性等」については，中教審答申を受けて，次のように解説されている。

　児童一人一人がよりよい社会や幸福な人生を切り拓いていくためには，主体的に学習に取り組む態度も含めた学びに向かう力や，自己の感情や行動を統制する力，よりよい生活や人間関係を自主的に形成する態度等が必要となる。これらは，自分の思考や行動を客観的に把握し認識する，いわゆる「メタ認知」に関わる力を含むものである。こうした力は，社会や生活の中で児童が様々な困難に直面する可能性を低くしたり，直面した困難への対処方法を見いだしたりできるようにすることにつながる重要な力である。また，多様性を尊重する態度や互いのよさを生かして協働する力，持続可能な社会づくりに向けた態度，リーダーシップやチームワーク，感性，優しさや思いやりなどの人間性等に関するものも幅広く含まれる。こうした情意や態度等を育んでいくためには，前述のような我が国の学校教育の豊かな実践を生かし，体験活動を含めて，社会や世界との関わりの中で，学んだことの意義を実感できるような学習活動を充実させていくことが重要となる。

（『小学校学習指導要領解説総則編』）

「資質・能力」の①と②は「認知的スキル」，③は「非認知的スキル」ないし「社会情動的スキル」と言えるだろう。今回の学習指導要領では「生きる力」と関連して，③に大きく踏み込んでいるのが特徴である。

CCRのモデル

先の中教審答申における「育てるべき資質・能力」の三つの柱の策定にあたって，一つの根拠資料となったのがCCRによるコンピテンシーの枠組である。正式名称を「カリキュラム再設計センター（the Center for Curriculum Redesign）」と言い，21世紀の新しい教育の枠組を構成する四つの次元を明らかにしている。（C・ファデル，M・ビアリック，B・トリリング／岸学監訳『21世紀の教育と学習者の４つの次元〜知識，スキル，人間性，そしてメタ学習〜』2016年，北大路書房）

①知識……何を理解しているか

　　学際的知識，伝統的知識，現代的知識，テーマ

②スキル……理解していることをどのように使うか

　　創造性，批判的思考，コミュニケーション，協働性

③人間性……どのように世界・社会と関わるか

　　マインドフルネス（注意深さ），知的好奇心，勇気，レジリエンス（精神的な強さ），倫理観，リーダーシップ

④メタ学習……どのように省察し，どのように適応するか

　　・メタ認知（自己を客観的に捉えること）

　　・成長的マインドセット（努力によって能力は伸びるという信念）

このうち①〜③は中教審答申や新学習指導要領における「資質・能力」の三つの柱に対応している。また④は「学びに向かう力，人間性等」の中に含まれている。

「成長的マインドセット」とは，C・S・ドゥエックによって提起された概念であり，努力すれば能力はどこまでも変化・成長し続けるという「心の在り方」「信念」をさしている（奈須正裕『「資質・能力」と学びのメカニズム』

2017年，東洋館出版社，75頁）。平たく言えば，「やればできる」という考え方である。これが重要なコンピテンシーであることは言うまでもないだろう。

　他には，意欲や感情をコントロールできる「自己調整能力」なども重視されていることが分かる。

　こうした「非認知的能力」は生得的なもので教育ではどうにもならないと考えるのではなく，むしろ「スキルや方略」として教育によって「かなりの部分」は学ぶことができると考えるのである（奈須前掲書，70頁）。先の「論点整理」でも，「意欲」が「教科等を横断する汎用的スキル」に入っている。これが新学習指導要領における「資質・能力」という概念とつながっているのである。

　学校現場では，「資質・能力」の三つ目の柱である「学びに向かう力，人間性等」をどのように育てていくのかが問われている。

　基本的に，こうした考え方は「学力」概念を狭義の「学力」（テストによって計測可能な学力）から広義の「学力」（自ら学ぶ力，生きて働く力）に拡張するものである。それは全国学力・学習状況調査の「質問紙調査」の結果に反映している。とかく学力調査の点数ばかりに目が向きがちであるが，こうした観点も授業改善に生かすべきである。

　コンピテンシーとして「非認知的」な「資質・能力」を「スキル・方略」としてどう育てていくか，どう評価していくかは大きな課題となるだろう。

メタ認知と「対話的な学び」

　全国学力・学習状況調査を受けて「学力」の向上をめざすために，全国的に教育委員会レベルで「授業スタンダード」化が進められている。その中に学習の振り返りが位置づけられていることが多い。もちろんそれが有効になるケースもあるが，どの授業でも必ずやらなくてはならないというものではない。それはあくまでも基本的な原則であって，学習の内容や過程に応じて柔軟に対応すべきである。

　また，学習後の振り返りをすればメタ認知が育つというのも誤解である。

この時間に学んだことを書かせたり、「できた・できない」を〇△×でチェックシートに書かせたりすることが多いが、それだけでは不十分である。むしろ、重要なのは、授業で他者（教師や子ども）の考えを聴き合い、語り合う中で自分の考えを再検討・再構築していくような学びである。これこそが真の「対話的学び」と言える。「対話的な学び」とは子どもたちが単にペアトークやグループ討議をすることではない。それを通して自分の中に新たな「他者」が立ち現れてきて、自分の考えがそれでよいのかどうかを見直していくこと（自己内対話）が促されること（メタ認知的経験）が決定的に重要である。これによってメタ認知の力が育っていく。

　今や学校の合い言葉になっている「主体的・対話的で深い学び」は、あくまでもこうした「資質・能力」を育てていくための方法であるということを心に銘記すべきである。授業研究会でも授業を見る視点として、「対話的であったか」という視点だけでなく、「対話によってメタ認知が促されたか」という視点を加えるべきである。

　かつて斎藤喜博氏は「ゆさぶることはいずれにせよよい」と述べたが、まさに「ゆさぶり」とはメタ認知を促す教育方法であった。河野順子『〈対話〉による説明的文章の学習指導～メタ認知の内面化の理論提案を中心に～』（2006年、風間書房）がそれを理論的・実践的に明らかにしている。例えば、「くらしと絵文字」という説明文教材で、佐代子さんという児童は「絵文字はくらしに役立っている」と考えていたのが、別の児童の「放射能注意の絵文字は多様な意味をもたらす危険性を持っている（実際に扇風機のマークだと誤解した児童もいた）」という発言とそれに基づく話し合いの中で、それまで便利だと思っていた絵文字が命の危険さえも引き起こしかねないという事実を知って、「切実な葛藤」が生じた。こうして自己内対話が促され、「絵文字のよさ、文字のよさを知った上で、目的に応じてそれを使い分けていくことが大切だ」という考え方へと変化していったのである。

　斎藤喜博氏のもとで教師としての成長を遂げた武田常夫氏は、子どもを評価するのに、「強さ」「しなやかさ」という言葉をしばしば用いていた。これ

も自己がゆさぶられたり葛藤が生じたりすること，困難な課題に挑戦することによって身についていくものであり，先にあげたCCRの「6つの人間性」の中にも入っている「レジリエンス」（精神的な強さ）にあたると言えるかもしれない。未来を生きる子どもたちに必要なコンピテンシーであろう。

9　「根拠・理由・主張の3点セット」の活用による深い学び

　ここでは，論理的思考力・表現力を育てるためのツールである「根拠・理由・主張の3点セット」の活用事例を通して，「主体的・対話的で深い学び」の成立条件について考えていくことにしたい。いずれも小学校の物語教材で，つい最近，私の地元で行われた授業である。

「ちいちゃんのかげおくり」の授業

　「主体的・対話的で深い学び」とは，文学教材の授業の場合，主体的・対話的な学びを通して読みが深まることである。そのためには何が必要だろうか。
　私は，すでに本書において，具体的な「理由づけ」の必要性，特に自分の既有知識・生活経験から類推（推測）することの大切さについて論じてきた。
　山本聖教諭（笛吹市立御坂西小学校・当時）は，「ちいちゃんのかげおくり」（あまんきみこ）の授業（小学校3年）の目標を次のように設定した。

> 　叙述をもとに，一番心に残ったところを選び，自分の経験と関わらせて感想を書くことができる。

授業案には次のように書かれている。

> 　今回は「自分の経験に引きつけて感想文を書く」という活動を設定することで，子どもたちは，単なるあらすじの紹介や思いを述べるだけで終わらず，なぜそう感じたのか・考えたのか，叙述をもとに理由を明ら

かにし，ちいちゃんの思いに共感したり，自分のことと比べたりした深い読みが期待できると考える。

　なお，学習のめあては，「自分の考えたことや思ったことが友だちに伝わるように感想文を書こう」というものである。B4サイズのワークシートは，根拠と理由と主張に分けて書くようになっている。
　子どもたちは自分の生活経験と結びつけながら，ちいちゃんの気持ちをさまざまに想像していた。

○3の場面が心にのこりました。どうしてかというと，暗いぼうくうごうの中で一日一人でいて，わたしだったら一人でるすばんをはじめてしたことがあって，そのときはこわかったし，ちいちゃんはわたしより年下なので，ちいちゃんはすごいと思いました。だからわたしはせんそうはしてはいけないと思いました。（H・K）

○この話で心にのこったところは，ちいちゃんがさいごに家族に会えたところです。なぜかというと，わたしもディズニーランドでまいごになって，家族みんなに会えたときうれしかったからです。だから，わたしはちいちゃんは幸せだと思います。理由は天国で家族と会えたからです。（M・K）

○天国でお母さんとお兄ちゃんとお父さんに会えたところが心にのこりました。理由は，自分がるすばんをしたとき，ちいちゃんのほうが何十倍も一人でいるからです。だから，ぼくは家族が大切ということがわかりました。戦争があると家族がいなくなることがわかりました。（A・I）

○一の場面で，家族みんなが楽しくかげおくりをしたところが心にのこりました。ぼくも家族で千葉県に旅行に行ったとき，みんなでゲームをして楽しかったからです。（K・W）

このように見てくると，授業の目標は概ね達成できたと考えられる。下線部のように，自分の生活経験から推測するという学びは非常に重要である。物語の表層をなぞるような読み，「ひとごと」として読むのではなく，読者自身と切実に関わらせて読むこと，〈わがこと〉として読むのを保障するのである。

　こうした自分の生活経験と結びつけた「理由づけ」，つまり，「自分にも似たようなことがあるから……」「自分だったらこうすると思うから……」といった理由づけがさらに具体的なものになるためには，単にテキストを自分の経験と結びつけるだけでは限界がある。ともすると，「わたしもるすばんをして一人になってさびしかったから」「家族みんなでいっしょに遊んで楽しかったから」といった一般的な理由づけにとどまってしまうからである。それを乗り越えるためには，どうすればよいのだろうか。

　まずは「根拠」によく目を向けることである。つまり，「根拠」となる本文中の表現（語句・文）の解釈と吟味である。単にそれを取り出す（引用する）だけでは不十分である。その表現に隠されている意味を明らかにしないと理由づけも深まらない。

　例えば，四の場面に，「お父さんの声が青い空からふってきました」「ちいちゃんはきらきらわらいだしました」「小さな女の子の命が空にきえました」という表現がある。なぜ「青い空から聞こえてきました」ではないのか。なぜ「にこにこわらいだしました」ではないのか。なぜ「命がうしなわれました」ではないのか。いずれも「心に残ったところ」に直結する問題である。こうした解釈・吟味によって，次のような文章が書けるようになるだろう。

　　私はちいちゃんが天国でお父さんやお母さんやお兄ちゃんに再会した場面が心に残っています（主張）。なぜかと言うと，教科書の21ページ４行目に「きらきらわらいだしました」と書いてあります（根拠）。そこから，ちいちゃんがやっと家族の人たちに会うことができた喜びがわかるからです。「きらきら」というオノマトペはお日さまやお星さまが

光り輝いているときに使われます。それを人間の笑い方にも使うことで，願いがかなって満足した気持ち，全身で喜んでいる様子が伝わってきます。「にこにこわらいました」ではふつうの笑い方で，うれしさがあまり感じられないからです（理由）。

　子どもたちがこうした解釈・吟味をせずに表層的な読みにとどまっていたら，どうしてそこが心に残ったのかという理由づけも浅いものにならざるを得ない。批評（作品の価値判断）の質を高めるためにも，改めて教師の周到な教材研究の必要性が認識できる。それは「主体的・対話的で深い学び」の前提なのである。

「お手紙」の授業

　山口真樹子教諭（甲府市立東小学校・当時）は，「お手紙」（アーノルド・ローベル）の授業（小学校2年）の目標を次のように設定した。

　「どうして，がまくんはしあわせな気持ちになったのだろう。」という学習課題について，文中の言葉や挿絵を根拠に理由を考え，がまくんの気持ちを読み取ることができる。

　山口教諭も，「この言葉からこういう気持ちが分かるから……」という理由づけにおいて，子どもたちが自分の生活経験から推測して考えることを期待していた。例えば，おじいちゃんが入学祝いに買ってくれたもの（ランドセルなどの学用品），テレビのクイズ番組で当選した商品，クリスマスプレゼントなどが手元に届くのを待っているときの楽しさという生活経験が引き出されて，がまくんの気持ちに共感するという読みである。
　ある子どもは，「どうして，がまくんはしあわせな気持ちになったのだろう」という課題に対して，ワークシートに次のように書いていた。

ぼくもうれしい気持ちでげんかんのところで待っていたことがあったから，がまくんもうれしい気持ちで待っていたと思いました。ぼくが七さいのときに，サッカーをしすぎたときに，家にもどったときに，かぎがしめられてあったので，げんかんのところで待っていました。それはサッカーが楽しかったからしあわせな気持ちで待っているからです。
（R・K）

　この文章は，楽しいサッカーの試合の余韻に浸りながら，お母さんの帰りを待っているという幸福感を表しているのか，お母さんにサッカーの試合が楽しかったことを早く伝えたいという幸福感を表しているのか，本当の意味は分からない。本作品のように，お手紙が来ることを楽しみに待っているという幸福感とは状況が異なっているようにも見える。しかし，学習者の具体的生活経験が引き出されていることは確かであり，充実した時間の中で人の到来を待っているという状況であることに変わりはない。だから，こうした発言も授業では大切にすべきである。

　この授業は，さし絵も根拠として活用させていこうとしている点が特徴である。本作品のように，さし絵が効果的に使われている場合は，人物の心情を想像するための重要な根拠となり得る。「お手紙」では，がまくんとかえるくんが玄関の前で並んで座っている二枚のさし絵を対比することによって，子どもたちはさまざまな違い（顔，目，口元，手，足などの描き方の違い）を見つけて，二人が「かなしい気分」から「とてもしあわせな気もち」に変化したことをよりよく理解できる。例えば，前のさし絵では，目がうつろで口がへの字になっている，両手の指を交互に組んでいる。後のさし絵では，二人の顔が接近している，目が笑っている，つま先が上がっている。こうした細かな気づきが自分の考えの根拠や理由になっていくのである。

10 「根拠・理由・主張の3点セット」の活用による深い学び（続）

　ここでも，論理的思考力・表現力を育てるためのツールである「根拠・理由・主張の3点セット」の活用事例を通して，「主体的・対話的で深い学び」の成立条件について考えていくことにしたい。

　2018年10月30日に山梨国語教育研究会・日本国語教育学会山梨支部主催の公開研究会が南アルプス市立白根飯野小学校で行われた。私が研究協議会の助言者となった，小学校3年生の「モチモチの木」（斎藤隆介）の授業を取り上げたい。授業者は，私のゼミの卒業生である市川怜奈教諭（教職3年目）である。

「豆太」がいちばん勇気を振り絞ったところ

　本時は全14時間扱いのうちの第11時で，「豆太は見た」の場面で，「おくびょうな豆太がいちばん勇気をふりしぼったところはどこかを話し合おう」という学習課題が設定された。このクラスでは「根拠・理由・主張の3点セット」を「話し方の達人」と呼んで，国語科の授業における対話活動に活用している。本単元では，それを生かしたワークシートに自分の考えをまとめて，それをもとに発表することになっている。

　私は本書において，具体的な「理由づけ」の必要性，特に自分の既有知識・生活経験から類推（推測）することの大切さについて論じてきた。私のゼミ生だった市川教諭はまさにそれを卒業論文のテーマとして研究を進めたという経験を持っている。それが自らの授業実践で試されることになったのである。（なお，今回の実践は，本書第2章9で取り上げた井上伸円教諭の先行実践の成果と課題に基づいて構想されたものである。）

　市川教諭は，「豆太がいちばん勇気をふりしぼったところ」として，大きく分けて次の三つが出てくるだろうと予想していた。
①豆太が表戸を体でふっとばして走り出したところ。

②豆太がなきなき走ったところ。

③豆太が医者様のこしを足でドンドンけとばしたところ。

　多くの子どもたちは①と②を指摘していた。授業者から「みんなはだしになったのはどんなとき？」「この道はどんな道？」といった補助発問もあり，自分の生活経験から推測した具体的な理由をあげる子どもが多かった。

　授業の様子を紹介しよう。

C　土だと霜柱ができている。それにいろんなものが落ちている。そこをはだしで走ると，画びょうが刺さるみたいにいたいと思います。

C　どこから（根拠）は「霜が足にかみついた」です。理由は，いたいのに走り続けたからです。私が足から血が出たら，お母さんやお姉さんやまわりの人を呼んで，「足から血が出た〜」と叫んで手当てしてもらうと思います。

T　みんなも学校でちょっとけがしたら，保健室に行くよね。

C　おにごっこをして，タッチされたときに転んで，かすりきずになったけど，手当てはしないでずっと続けたことがある。少しいたかったけど，おにがどこかに行っちゃったら，おにごっこは終わりだから，がまんして続けました。

T　必死なところが豆太と似ているよね。

　このように登場人物の言動を「ひとごと」ではなく〈わがこと〉として読むことは非常に重要である。「主体的・対話的で深い学び」の第一歩である。

予想外の意見

　本時では予想外の出来事が起こった。先にあげた①〜③の予想箇所と全く違うところをあげた子どもがいたのである。Ｙくんは次のように発言した。

　豆太がいちばん勇気をふりしぼったところは，「医者様のてつだいを

して，かまどにまきをくべたり，湯をわかしたりなんだり，いそがしかったからな」のところです。理由は，いつものかんたんな仕事ではなくて，命にかかわる仕事だからです。

　一見ずれているように思われるＹくんの意見であるが，他の子どもたちに影響を与えた。友達の意見を聞いて自分の考えが変わったという子どものうち，７名がこの意見に変わったのである。おそらく豆太が「命にかかわる仕事」に取り組んだという理由づけに共感したのだろう。
　ＳくんはＹくんの考えに納得して，次のように発言した。

　ふつうならじさまが死んでしまったらどうしようと思う。命にかかわることなら真剣になるが，ふるえてしまう。もしも失敗すると大変なことになる。死ぬかもしれない。だから，ここは勇気をふりしぼったところだから，（Ｙくんの考えは）いいと思う。

　他にも，「自分だったら動けないと思う」「パニックになってしまう」といった意見が出された。Ｙくんの意見は他の子どもたちに〈わがこと〉として受け入れられたのである。
　こうなったのは，市川教諭自身がこの予想外の意見に感動し，その価値を認めて，授業展開に大きく位置づけたからである。つまり，Ｙくんに理由を言わせる前に，「みんな，Ｙくんはなぜここがいちばん勇気をふりしぼったところだと考えたのだろうか，その理由を想像してみよう」と発問したり，Ｙさんの発表の後で「Ｙさんの話を聞いてペアで話し合ってみましょう」と指示を出したりしていた。まさに子どもたちを「主体的・対話的で深い学び」に向かわせていたと言える。教職３年目とは思えない，素晴らしい対応であった。
　しかしながら，先の「ちいちゃんのかげおくり」の授業へのコメントでも指摘したように，もう少し本文の表現に立ち返って，どうしてそれがいちば

ん勇気を振り絞ることになるのかを考えさせるべきであった。根拠となる語句・表現の吟味である。つまり，おくびょうな豆太が「かまどにまきをくべたり，湯をわかしたり」するという行為の意味を考えることが，理由づけをさらに具体化して，説得力を高めることになる。

　言うまでもなく，「モチモチの木」の世界は現代の子どもたちが生きている世界とはかけ離れている。今は子どもでもワンタッチでガスレンジに火をつけることもできるし，電気ポットで湯を沸かすこともできる。しかし，豆太の生きている時代は，いや私の子ども時代（昭和30年代）でさえ，マッチで火をつけて薪を燃やしたり湯を沸かしていた。五歳の子どもがこうした仕事をするのは大変な困難と同時に危険をともなう。下手をすると，やけどする恐れもある。豆太にとってそれはとても勇気の要る仕事なのである。おそらく日本の大半の子どもは小学校３年生になってもこうした経験をしたことはないだろう。

　このようにして本文の解釈を深めることによって，Ｙくんの考えはさらに説得力を増してくるはずである。これは「主体的・対話的で深い学び」の質をさらに高めるだろう。

「アプロプリエーション」としての学び

　本時の授業で他に活躍した児童にＫくんがいる。彼は授業の最初から，特定の場面ではなく，豆太はずっと勇気を出し続けていると考えていた。Ｋくんは，はじめの段階では「表戸を体でふっとばしたところから医者様を呼びに行くまでずっと勇気を出し続けている」と発言していた。結局，授業を通して自分の考えは変わらなかったものの，Ｙくんの考えを取り入れて，「『豆太は見た』の場面は，表戸を体でふっとばしたところから，最後の医者様のてつだいをするところまで，ずっと勇気を出し続けている」と授業の終わりに発言した。最初の「医者様を呼びに行くまで」という範囲が「医者様のてつだいをするところまで」に広がっている。これは，他者の言葉を自分の考えの中に取り込む「アプロプリエーション」（専有）と言われる協同的な学

びの姿である。単なる模倣ではない。

　この背景には，「根拠・理由・主張の３点セット」によって子どもたちの発言がきわめて論理明快なものになり，それぞれの考えのよさ，自分の考えとの違いがはっきりして，相互に学び合うことが容易になったということがあげられる。特に，子どもが既有知識や生活経験と結びつけて具体的に考えることが発言の説得力を高め，それを聞いた他の子どもたちに受け入れられることになるのである。

　他にも，この授業では「アプロプリエーション」による学びが多く生起している。Ｙくんが言った「命にかかわる仕事」という言葉も子どもたちの学習感想文の中に多く取り込まれている。

まとめ

　以上のように，本時の授業は，全体としては「主体的・対話的で深い学び」と言えるものだった。特に「豆太がいちばん勇気をふりしぼったところはどこか」という学習課題（根拠とそれに基づく理由づけ）をめぐって，子どもたちは自らの既有知識や生活経験に基づいて豆太の言動を〈わがこと〉として切実に解釈していた。また，友達の考えをよく聴いて，その素晴らしさに感動し，自分の考えの中に取り入れたり，自分の考えを見直したりするという対話的な学びが生まれていた。つまり，テキストとの対話，他者（教師・他の子ども）との対話を通して，自己内対話（頭の中で異質な考えと対話することで自分の考えを再構築すること）に向かう深い学びの実現である。

11　教科の本質をふまえたコンピテンシーの育成のために

　本章では，教科固有の見方・考え方，コンピテンシーとしての論理的思考力・表現力，「学びに向かう力，人間性」，「主体的・対話的で深い学び」の成立条件などについて述べてきた。しめくくりとして，教科の本質をふまえたコンピテンシー（資質・能力）の育成にあたって，留意すべき点について

まとめておきたい。

授業で育てるべき「資質・能力」の具体化

新学習指導要領で「主体的・対話的で深い学び」が謳われるようになってから，授業観察の視点として，「主体的であったか」「対話的であったか」「深い学びであったか」という項目があげられることが多くなった。しかし，それは授業の目的ではない。あくまでも「資質・能力」を身につけるための手段である。つまり，「主体的・対話的で深い学び」は，「資質・能力」の三つの柱（生きて働く「知識・技能」，未知の状況にも対応できる「思考力・判断力・表現力等」，学びを人生や社会に生かそうとする「学びに向かう力・人間性等」）を育てるための学習活動なのである。

したがって，例えば「読むこと」の学習指導案を作成するときには，本時の授業ではどのような「思考力・判断力・表現力等」を育てようとするのかを具体的に示す必要がある。つまり，「対比的な思考力を育てる」「条件的な思考力を育てる」「類推的な思考力を育てる」といった形で授業の目標を記述することが望まれる。それはそのまま授業観察の視点，授業検討の視点となる。

〈教育内容〉〈教科内容〉〈教材内容〉の区別

コンピテンシー・ベースの教育においては，国語科の目標だけでなく，教科横断的なコンピテンシーとしての論理的思考力の育成という観点も含めていく必要がある。さらに，そうした思考力が教材の内容理解の深化につながるという観点も欠かすことができない。文学教材は論理的思考力をトレーニングするだけのものではないからである。

こう見てくると，授業のデザインにあたっては，私が提唱する〈教育内容〉〈教科内容〉〈教材内容〉を区別しつつ，それぞれの中身を明らかにすることが必要になる。

この三つの内容の違いについて，ミクロなレベルからマクロなレベルの順

で述べると，〈教材内容〉とは教材固有の内容のことである。文学教材で言えば，作品に表現されている個別的内容（あらすじ，場面の様子，人物の心情，出来事の内容，主題など）を理解することが目標となる。

〈教科内容〉とは，各教科の基礎となっている学問の体系・概念に従って各学年段階に応じて取り出された知識・技能である。国語科で言えば，言語に関する知識・技術（話し方・聞き方，書き方，読み方）である。これらは従来のコンテンツ・ベースの教育の核となってきたものである。新学習指導要領における教科固有の見方・考え方も〈教科内容〉に含まれる。先の〈教材内容〉よりも一般的・法則的な内容であるため，いろいろな場面で知識・技能を活用しやすくなる。

〈教育内容〉とは，〈教科内容〉よりもさらに広く，教科の枠組を超えて指導するものである。挨拶や返事の仕方に始まり，一般的なものの見方・考え方，学び方，生き方などが含まれる。一つの学問領域を超えて，文化・社会・道徳などの広範囲な事項に及ぶのが特徴である。（拙著『文学教材の読解主義を超える』1999年，明治図書，同『〈解釈〉と〈分析〉の統合をめざす文学教育～新しい解釈学理論を手がかりに～』2010年，学文社を参照）

教科横断的な汎用的スキルとしてのコンピテンシーは当然，〈教育内容〉と位置づけるべきである。

こうした区別に基づいて授業案を作成していくと，授業のねらいが分かりやすくなる。コンピテンシー・ベースの教育とコンテンツ・ベースの教育がバランスよく統合された形である。次にその具体例を紹介してみよう。

「大造じいさんとガン」の授業デザイン

定番教材である「大造じいさんとガン」（小学校5年）では，次のような三つの目標が設定されることになる。

　a 登場人物の心情を想像しながら作品を読み味わう。（教材内容レベル）
　b 描写における色彩語やオノマトペなどの効果を考える。（教科内容レベル）
　c 自分の既有知識や生活経験に基づいて作品世界の意味を類推する。（教

育内容レベル）

　ａは本作品を教材化する以上どうしても欠かせない学習活動である。〈教科内容〉を意識しすぎて、「教材を教える」ではなく「教材で教える」のだという立場に固執すると、教材をダシに使うということになりかねない。「対比」や「視点」を教えるというだけなら、わざわざ名作を教材化する意味はない。そうした概念・用語に基づいて表現を分析することによって作品の読みが深まるという文学体験が大切なのである。

　ｂとｃもこうした教材固有の特質を生かす形で設定される必要がある。先にあげた「大造じいさんとガン」の〈教科内容〉は、本作品の表現的特徴をふまえたものになっている。また、〈教育内容〉として設定した「類推」という思考方法は、テキストが子どもたちの生活世界から離れたものであればあるほど文章理解に必要になってくるものである。本作品は時代的な古さに加えて、動物物語というジャンルに属するため、残雪の行動については自分たちの身近な経験から類推するという思考方法（教科横断的な汎用的思考スキル）が大きな意味を持ってくる。

　例えば、「最期の時を感じて、せめて頭領としてのいげんをきずつけまいと、努力しているようでもありました」という文の意味について〈わがこと〉として実感的に理解していくためには、次のような類推思考が有効である。

　「一騎打ちで負けそうになった武将が覚悟を決めてすわりこんでいる時代劇をテレビで見たことがある。それと同じで、死ぬのが怖くてじたばたするのは見苦しいという思いがよくわかる。」

　「６年生になって下級生にみっともない姿を見せたくないのと同じで、リーダーとしての残雪のプライド、自負心を強く感じる。」

　なお、実際の授業事例については、本書第２章３、拙著『論理的思考力・表現力を育てる三角ロジック～根拠・理由・主張の３点セット～』（2017年、図書文化社）を参照されたい。

　仮に「大造じいさんとガン」の中心的な学習活動を「最も心に残った場面

を伝え合おう」という活動に設定した場合，a〜cのねらいに基づいて授業をデザインすることによって，「言語活動の充実」や「主体的・対話的で深い学び」が成立することになる。逆に，それが不明確だと「活動あって学びなし」や「表層的で浅い学び」になってしまうのである。

まとめ

　教科の本質をふまえたコンピテンシー・ベースの教育にあたって検討すべき課題は多い。

　第一は，コンピテンシーとコンテンツとの関係である。中央教育審議会などの議論では，いきなりコンピテンシー・ベースの教育に転換するというのではなく，教科固有の知識・技能や見方・考え方といったコンテンツ・ベースの教育との共存的なバランスが重要だと考えられている。言い換えると，「アクティブ・ラーニング」という新しい衣を纏ったプロジェクト型学び（問題解決学習）と年間指導計画に基づくプログラム型の学び（系統学習）とのバランスをいかに図るかという教育学の本質的問題である。

　周知のように，アメリカの大学は，教員の一方的な講義ではなく，学生主体のアクティブ・ラーニングが盛んであり，日本の高等教育改革のモデルになっている。しかし，実際は基礎的な知識・技能をきちんと習得する機会も保証している。だからこそ授業の中で質の高いディスカッションやプレゼンテーションができるのである。

　第二は，国語科の本質とは何かについての共通理解を持つことである。新学習指導要領では「教科等の特質に応じた見方・考え方」の必要性が叫ばれているが，国語科の場合は何なのか，ことばやことばを学ぶことの本質は何なのか検討していくべきであろう。この問題は，3・4でも論じたように，汎用的な見方・考え方と教科固有の見方・考え方との関係をどう捉えるべきかという問題とつながっている。例えば，「根拠・理由・主張の3点セット」にしても，算数や理科における「根拠」「理由」と国語科における「根拠」「理由」は自ずから異なってくる。国語科の場合は，すべての教科の基礎と

なる一般的な思考スキルとして,「根拠（よりどころ）」をあげて,「理由（わけ）」を述べることを想定しているが,理科の場合では,「根拠」は厳密な手続きに基づく客観的な実験・観察データ,「理由」づけは科学的な概念・原理・法則を用いた科学的説明ということになるだろう。

　第三は,コンピテンシーをどう評価するかという問題である。ＰＩＳＡや全国学力調査のような筆記テストによる評価もある程度は可能であるが,当然のことながら限界がある。ポートフォリオ評価やパフォーマンス評価のあり方がさらに追究されるべきである。また,教師の見取り（教育的鑑識眼）による即時的な評価も重要である。いずれにしても,絶対評価・相対評価だけでなく個人内評価がより重視されることになるだろう。

第2章
コンピテンシーとしての
論理的思考力・表現力をどう育てるか

1 論理的とはどういうことか

論理的思考力・表現力の必要性

数年前にキャリア支援センター長を務めたことがある。例年，教員採用試験が近づくと，学生の模擬面接が行われる。神奈川県の受験者を対象にした模擬面接でのことである。

「どうしてあなたは神奈川県の教員になりたいのですか？」と型通りの質問をした。すると，その学生はこう答えた。

「神奈川県は全国各地から教員をめざす学生が多く集まるからです。」

私はこの先の言葉を期待したが，結局これだけだった。

この学生は非常に成績優秀であるにもかかわらず，この程度の答えしか返ってこなかった。なぜ本県を受験するのかという理由が不明確である。これでは自分の考えが相手に伝わらない。

もう一度，先の学生の答えにもどろう。確かに神奈川県は全国各地から教員をめざす学生が集まってくる。地元の教員採用試験が狭き門であるため，倍率的により可能性の高い神奈川県を受験するのである。実際，神奈川県以外の出身の教員数は多い。これは客観的な事実である。

しかし，これだけでは神奈川県を受験する理由にならない。全国各地から教員が集まることがなぜよいのか（自分にとっても神奈川県にとっても）を説明しなくてはいけないのである。例えば，こうである。

「全国各地のさまざまな文化・習慣や教育経験を交流することができて，教師としての視野が広がったり，授業観が豊かになったりすることになり，教師として自分をもっと成長させることができると考えたからです。実際，私の大学でも全国から学生が集まっていて，同じような経験をしました。」

面接者としては，これが一番聞きたいことである。根拠となる事実を解

釈・推論して受験理由を述べている。

　自分の考えを主張するときには，根拠となる事実・データとそれに基づく
理由づけが必要になる。これが「根拠・理由・主張の３点セット」である。
先の学生の答えには「理由」がすっぽり抜け落ちていたのである。

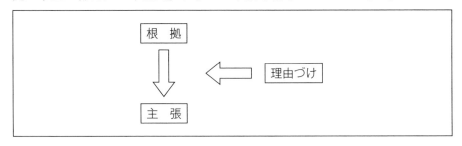

論理的に考えるということ

　「根拠・理由・主張の３点セット」は特に目新しいものではない。従来か
ら「三角ロジック」という名称でディベート指導などに使われてきた。国語
教育界では井上尚美氏を理論的な支柱として実践されてきている（井上氏は
三角ロジックの原型である「トゥルミンモデル」を国語教育界に最初に紹介
した研究者である）。しかし，まだ一般的なものになっていない。

　国語教育界には依然として，「論理」という言葉に対するアレルギーのよ
うなものが存在する。「論理的＝理屈っぽい」という先入観である。今でこ
そ国際化・情報化の中で論理的な思考力・表現力の育成が叫ばれているが，
歴史的に見ると，実践が十分に積み重ねられてきたとは言えない。教師の共
有財産になっていないのである。現在でも，論理的な思考力・表現力とは何
か，またそれをどう育てたらよいのか分からないと言う教師は少なからずい
るだろう。

　そこで本章では，改めて，「根拠・理由・主張の３点セット」という道具
（論理的思考のための一つのツール）を使って，どの教室でも，どの学年で
も，論理的思考力・表現力さらに論理的対話力が芽生え，育っていくことが
できるような実践的な提案をしていきたい。少なくとも「３点セット」を知

っておくだけで，子どもたちの発言の質（何が足りないのか，どこがよいのか……）が見えるようになる。それによって，どのように子どもに働きかけたらいいのかという見通しもはっきりする。

また，「論理的＝理屈っぽい」という先入観を捨てて，論理的であるとはそもそもどういうことなのかという根本的な見直しも図っていきたい。詳しくは後で述べるが，先の模擬面接を見ても分かるように，「論理的」であるとは「具体的」であるということだ（これは宇佐美寛氏が以前から指摘してきた）。言い換えると，自分の考えを相手に分かりやすく丁寧に言語化することである。これならすべての教師が育てたいと願っていることだろう。論理という言葉にも違和感はあるまい。

昨今，言語活動の充実が叫ばれているが，言語活動の基本は自分の考えを丁寧に言語化することに尽きるのである。

2　論理的であるとは具体的であるということ（その１）

論理的イコール具体的

先に，論理的であるということはけっして理屈っぽいということではない。むしろその反対で，論理的であるとは具体的であるということであると述べた。

国語教育界で論理の教育に最も力を注いできた研究者の一人が宇佐美寛氏である。宇佐美氏は，「論理的に考える」とは「具体的に考える」ことであるとずっと強調してきた。

宇佐美氏があげている子どもの作文を見てみよう（『宇佐美寛問題意識集6　論理的思考をどう育てるか』2003年，明治図書，84～87頁）。次の作文はどこが問題だろうか？

牧場のアイスクリームがありました。食べてみたら，牛乳がたっぷり入っていて，あまりおいしくなかった。でも，少しおいしかった。

「あまりおいしくなかった」と「少しおいしかった」の矛盾を指摘する人が多いだろう。しかし，宇佐美氏も言うように，「あまり」と「少し」という修飾語があることによって，それは必ずしも矛盾ではない。「あまりおいしくない」のだが，「少しおいしい」ということはあり得る。

この作文で宇佐美氏が問題視するのは，「牛乳がたっぷり入っている」と「あまりおいしくない」という二項の関係が不明だということである。「牛乳がたっぷり入っているからおいしくない」（順接）のか，「牛乳がたっぷり入っているにもかかわらずおいしくない」（逆接）のか，それとも「牛乳がたっぷり入っていて，かつ，おいしくない」（並列）のかといった点が不明確なのである。そのことを読み手にもよく分かるように説明しなくてはならない。まさにその関係を具体的に述べることが必要になる。

宇佐美氏は，「論理的」とは「経験との対応が明確に表現されている」ことだと述べている（同書，87頁）。これが「論理的＝具体的」ということの意味である。先の作文は「この子が持った経験と正確に対応する形では書けていない」ということになる。まさに自分の考えを丁寧に言語化することが必要なのである。

私が提唱する「根拠・理由・主張の３点セット」はそのための一つのツールである。先の作文で言えば，「牛乳がたっぷり入っている」という根拠（事実）から，「あまりおいしくないが，少しおいしい」という主張（結論）を導くための理由づけが欠けているということになる。理由づけは根拠と主張をつなぐ働きをする。

「根拠・理由・主張の３点セット」の効用をさらに検証してみよう。

授業の事例から

ある学校の校内研究の研究授業として行われた「一つの花」（今西祐行）の学びの様子を紹介しよう。授業者は日常的に「根拠・理由・主張の３点セット」を指導してきている。最後の場面で「ゆみ子はお父さんの願いどおりに成長しているか？」という学習課題に沿って，根拠・理由に基づいた話し

合いが行われていた。例えば，次のような発言が見られた。

○「スキップをしながら」というところから（根拠），ゆみ子が元気に育っていることが分かるので（理由），お父さんの願いどおり成長している（主張）。

○「ゆみ子の高い声がコスモスの中から聞こえてきました」というところから（根拠），ゆみ子が明るい元気な子に育っていることが分かるので（理由），お父さんの願いどおり成長している（主張）。

○「お昼を作る日です」というところから（根拠），ゆみ子が大きくなってお母さんの手伝いをしている，心の優しい子に育っていることが分かるので（理由），お父さんの願いどおり成長している（主張）。

また，同じ根拠をもとに異なる理由づけをした発言も見られた。

・「母さん，お肉とお魚とどっちがいいの」というところから（根拠），ゆみ子は小さいときは「一つだけちょうだい」としか言わなかったので，そのときより成長していることが分かるので（理由），お父さんの願いどおり成長している（主張）。

・「母さん，お肉とお魚とどっちがいいの」というところから（根拠），どちらかを選べるということは戦争中よりも恵まれた生活をしていることが分かるので（理由），お父さんの願いどおり成長している（主張）。

　このように，根拠（どこから）と理由（なぜ）を区別することによって，考えの筋道がよく分かるようになる。自分と他者との異同も明確になり，話し合いがさらに深まっていくのである。

　逆に，「思いの言い合い」では，見かけはいくら活発でも，きちんとした話し合い，噛み合った討論にならずに，単なる「おしゃべり」で終わってしまう。

3 論理的であるとは具体的であるということ（その2）

「大造じいさんとガン」（椋鳩十）の授業

　何度も述べるように，論理的であるということは理屈っぽいということではない。むしろその逆で，論理的であるということは具体的であるということである。

　さらに授業の事例をもとに考えていくことにしよう。かつて河野順子氏が行った「大造じいさんとガン」（椋鳩十）の授業で，次のようなやりとりがある。（未公開，子どもの名前はすべて仮名。）

伸一　このおとりのガンは残雪の敵なんですよ。分かる？　分かる？　分かりますね。残雪にとって，こいつは敵なんですよ。（中略）大造じいさんがそのとき思ったのは，今，残雪はもしこれが敵でもスパイでもない味方だったとしたら絶対に助けると思うんですよ。みんなでも助けるよね。例えば親友が，なんかヤクザとかにおそわれそうだったら，逃げるとしても，逃げる人は結構いると思うけど，まあ助けるよね。

Ｃ　えー。

伸一　まあ助けるとしよう。まあ，ヤクザが怖いからとしてという人もおるかもしれないけど，正義心のある人は絶対助けようと思うんですよ。だけど，例えば，ぼくとひろしくんが友達ということで……

Ｃ　ええ？

伸一　まあまあまあ例，ひろしくんとようすけくんはライバルということで，ライバルというか敵ね，いつも喧嘩ばかりしてる。たろうくんとこうすけくんが，じゃあヤクザみたいな感じで。

Ｃ　ええ？

伸一　そしたら，もしぼくがやられそうだったら，ひろしくんは友達だか

ら助けに来てくれるんよ。でも，もし，ようすけくんだったら，敵だからひろしくん，その場でどうしますか？　ようすけくんがやられています。でもようすけくんは敵です。大嫌いです。

C　でも，人として助けると思います。

C　ええ？　本当？

伸一　今の，この残雪の考え方で，もし普通の人なら，もし恐がりだったら，ようすけくんは敵だから，いいよ，いいよ。勝手にやられとけばって，そういう気持ちになると思うんですよ。でも残雪は，ひろしくんの言った通り，同じガンとして，仲間として，助けようという気持ちがあったら，普通に人よりも上なわけですよね。でも，大造じいさんは，助けてくれているのに，撃とうとしているとか，卑怯として，下ですよね。残雪よりも。だから，この残雪よりも大造じいさんは下ってことは，卑怯な大造じいさんは鳥以下ってことでしょ。卑怯な大造じいさんは鳥以下っていうことだから，そのときに，大造じいさんは，卑怯だから，残雪に，こう撃とうとしている自分がばかだってことや，なんて情けないんだろうとかそういう気持ちがあったから，気持ちが変わったんですね。

「類推」による理由づけ

　伸一くんは，大造じいさんがなぜ残雪を撃たなかったのかを具体的に説明している。「根拠」となる表現をあげながら，既有知識や生活経験に基づく類推による理由づけを行っている。論理的であるかどうかの必要条件である「経験との対応」（宇佐美寛）が見事に図られていることが分かる。自分の「友達」ならさておき，自分の「敵」である人間を救おうとするだろうかという問題提起をすることによって，「普通に人よりも上」と，残雪が普通の人間以上の存在であると訴えているのである。

　この発言は，巨大な敵に挑んでいく残雪の勇気，そしてそれを見た大造じいさんの感動や衝撃の大きさも具体的にイメージさせることになっている。

聞いていた子どもたちも，残雪の尋常ならざる行為を実感的に理解できたのではないだろうか。なお野口芳宏氏や浜上薫氏らの先行実践のように，ハヤブサの身体的特徴＝つめ・くちばし・飛行能力などを「根拠」にあげて説明すれば，もっと説得力が増しただろう。（詳しくは拙著『〈解釈〉と〈分析〉の統合をめざす文学教育～新しい解釈学理論を手がかりに～』2010年，学文社，546～548頁を参照）

　伸一くんが言うように，残雪の行為は子どもが素手で暴漢に立ち向かっていくようなものである。しかも，今は自分の敵となっている相手を救出するためである。それを卑怯にも狙っている大造じいさんは「鳥以下」ということになるのである。

　このように，子どもたちが具体的に考え，具体的に語るとき，その主張は論理的になっていくのである。そのためには，この事例のように，自分の既有知識や生活経験に基づく「類推」という思考法が重要な役割を果たしていることが多い。

　以下で，詳しく見ていくことにしたい。

4　「類推」による思考の重要性

「故郷」（魯迅）の授業

　まず，長元尚子教諭（熊本市立龍田中学校・当時）の「故郷」（魯迅）の授業を紹介したい。本時の学習課題は，私がルントウと再会した場面で，〝「旦那様！……。」の「……」は必要か？〟というディベート的な課題である。日頃から，「根拠・理由・主張の３点セット」を使って学習してきている生徒である。「唇は動いたが声にはならなかった」「悲しむべき厚い壁」などの表現を根拠に，自分なりの理由づけをして，「……」は必要であると主張していた。

　和樹　本当は点線は「シュンちゃん」と言いたかったんだと思います。だ

けど，私は知事になっていて，ルントウは身分も低いので，身分の上の人に向かって「シュンちゃん」と言うのはいけないかなと思って，「旦那様」と言ったんだと思います。それで，その「……」は本当はシュンちゃんと言いたかったのになあということを表していると思います。

とりわけ何人かの生徒は，自分の生活経験からの「類推」によって，上下関係や身分差という問題を身近な問題として捉え直して，「……」に込められた意味を解釈していた。

たかし　私とルントウの上下関係ということについて，ぼくの経験を交えながら話すと，ぼくが小学校5年生のとき，6年生の先輩と仲良く話してたんですよ。でも中学生になったとき，やっぱり周りの先生とか大人から，先輩にはしっかりとした態度で話しかけろと言われるじゃないですか。それで中学生になって，2年生の先輩に突然，今までため口で話してたのを「○○先輩」って言ったら，先輩も驚いた様子で，「あれっ」て言ってたので，大げさな話，それに少し近いのかなと思いました。
　　　　（中略）
ゆか　私はちょっと体験ていうか，例で言いたいんですけど。私，ひろむくんと保育園一緒なんですよね（笑い）。で，中学3年生，このクラスになって，久々に見たとき，めっちゃ，ちょっと大人っぽくなったなって思ったんですよ。で，保育園のときめっちゃ可愛くて，「あ，ひろくーん」とか言ってたのに，なんかちょっと絡みづらいなーって思うようになって（笑い），多分それはルントウと私も一緒で，まえ仲良かったのに，好きなんですよね。好きなんだけど，どうしても変わっているっていう部分で引っ掛かって，まあそこで，まえ故郷が，私は「故郷はもっとずっと良かった，前はこんなふうではなかった」

って言ってたじゃないですか。で，会ったときも，やっぱ故郷とおんなじで，「あれ，ちょっと違うなー」って感じてるんで，そこでやっぱ悲しいとか寂しいなとか思ったから，仲良くなれるかなーとかいう不安もたくさんあって，身分というところに着目しました。

（鶴田清司・河野順子編『論理的思考力・表現力を育てる言語活動のデザイン 中学校編』2014年，明治図書，122～150頁を参照）

　この作品は今の中学生にとってそれほど親しみやすいものではない。下手をすると，昔の中国の話ということで終わってしまう。しかし，文学を読むという行為においては，作品を自分たちの問題として考える必要がある。そのためにも，自分の生活経験をもとにした読みの交流は意義がある。
　そこで効果を発揮しているのが「根拠・理由・主張の３点セット」である。中でも「理由」づけにおける類推の働きは大きい。

理科の授業における「類推」

　文学の授業に限らず，類推は重要な役割を果たしている。
　高垣マユミ氏は，小学校４年生の理科の授業で，止まっている車(A)に走ってきた車(B)が衝突したとき，どちらの方に大きな力が加わっているかという学習課題における話し合いの過程を分析している（『認知的／社会的文脈を統合した学習環境のデザイン』2009年，風間書房，65～85頁）。正解は「作用・反作用の法則」に基づいてどちらも同じ力であるというものだが，最初，子どもたちはAの方が衝撃が大きいと考えていた。
　ところが，たった一人，Ａ＝Ｂと考えていたタケくんが，「それは，車じゃなくて人間でやってみて，思ったんだけど（中略）。もし走っている人が，止まっている人にぶつかったら，相当いたいでしょ」と発言した。すると，他の子どもから「ガーンとぶつかって，どっちもいたいと思う」と同調する発言が続いた。身近な生活経験に基づいて類推した意見が，子どもたちの考えをゆさぶり，変容させるきっかけとなったのである。

その後，両方にバネを取り付けて衝突させる実験を行い，その縮み具合を測ったところ，やはり同じ力が働いていたことが分かった。タケくんの予想は正しかったのである。

高垣氏も理科における類推の役割を強調しているが，まさに日常的な生活経験に基づいて類推すること（理由づけ）が説得力を高めるのである。また，教科内容である知識が具体的かつ実感的に理解されるというメリットもある。

この事例も，先にあげた「故郷」と全く同じ学びの構造となっている。自分の既有知識や生活経験からの類推が学びの対象・内容についての生き生きとした実感的な理解を促しているのである。まさに「主体的・対話的で深い学び」と言えるだろう。各教科の言語活動（発表・記述・討論など）において積極的に活用していきたいものである。

また，ある中学校の理科の授業（1年生）で，次のようなワークシートで学習課題が出された。

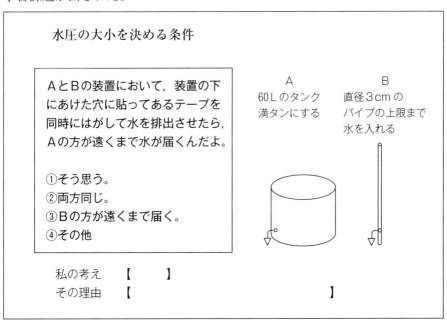

実際の授業では，生徒の考え（予想）が①と③に分かれた。つまり，Aの

方が水圧が大きいと考える生徒と，Bの方が水圧が大きいと考える生徒に分かれたのである。Aの方が過半数を超えていたが，その理由は「Aの方が水の量が多いので，圧力も大きくなる」といったものが多く，十分な理由づけとは言えなかった。Bの方も具体的で明確な理由づけは見られなかった。

　生徒が自分の考えを発表し合った後で，教師がテープをはがしたところ，Bの方が水が遠くまで届いた。水圧は「重さ」ではなく「深さ」に関係しているということが本教材のねらい（教科内容）である。

　授業後の検討会で，私は，生徒が理由づけにおいて自分の既有知識・生活経験から推測することができると，もっと理由づけの質が高まり，説得力のある考えが導けるのではないかと述べた。例えば，湯船の底の方が手の動きが重くなる，プールの深いところに潜ると水中メガネがきつくなる，深海魚を釣り上げると目玉が飛び出す，深海調査船は頑丈に作られている……といった知識・経験である。こうした知識・経験に基づいて推測すること（この事例はベース領域もターゲット領域も同じ水圧という次元なので厳密には「類推」とは言えない），そして，それを交流することが「主体的・対話的で深い学び」を生成することになる。学習内容が〈わがこと〉として実感をともなったものとなるのである。

5　「類推」としての「たとえばなし」

「たとえばなし」に見る「類推」

　先に，論理的であるとは具体的であるということ，そして，そのためには生活経験から類推して説明することが有効であることを述べた。

　ここで，類推という思考方法についてさらに詳しく見ていこう。

　斎藤喜博氏は，文学作品の世界をイメージ豊かに理解させるために類推という方略を多く取り入れていた。特に教師の発問・説明の中でよく使われたのが「たとえばなし」である。

教師は、そのときどきの教材とか子どもの状況とかによって、比喩やたとえばなしやその他の言葉をさまざまにつかい、できるだけ具体的で生き生きとしたイメージを子どもにつくらせていくほうがよいのである。しかも子どもが自分の体験として持っているものを持ち出し、ありありと子どもの記憶に残るようにしていくほうがよいのである。

（斎藤喜博『教育学のすすめ』1969年、筑摩書房、242〜244頁、下線は鶴田）

　このように、「たとえばなし」は子どもの生活経験と密接に結びついている。それによって、テキストを生き生きと実感的に理解することを促すのである。第1章6で取り上げた「鹿」（村野四郎）の介入授業（小学校6年生）はその典型である。

　「雲」（山村暮鳥）の授業（小学校4年）を見てみよう。（斎藤喜博編著『介入授業の記録・中』1977年、一莖書房）

　　雲
おうい雲よ／ゆうゆうと／馬鹿にのんきさうぢやないか／どこまでゆくんだ／ずつと磐城平の方までゆくんか　　　　　（『雲』1925年）

　この授業では、子どもの断片的な発言の中に重要な要素を発見し、それを身近な例で補充・拡大していくような「たとえばなし」が多く見られる。
　例えば、空を見ている作者（厳密には語り手）のかっこうを尋ねたところ、「しばふの上で寝ながら見ている」という発言に続いて、別の子どもが「首を上げて、今日は、いい天気だなあと思って雲を見ている」と答えている。
　これに対して、斎藤氏は次のように述べている。

　「いい天気だなあ」というのは、天気のことはもちろんだけども、あなたの言ったことの中には、ほかのものもはいっているのではない？　「いい天気だなあ」というときには、自分も気持がいいんだということがはい

っているのではない？　頭が痛くて仕方がない。先生に宿題出されたけれどやってない。今日は学校に行くのがいやだなあなんてときには,「今日はいい天気だなあ」なんて言う人はいないからね。　　　　　　　（同書，209頁）

　これは,子どもの発言をきっかけにして,語り手の気分にまでさらに深く立ち入って理解させていくことを意図した「たとえばなし」である。子どもの発言の中にある「すぐれたもの」を引き出し拡大することによって,よりよい理解に導こうとするのである。
　また,ある子どもが,「畑で働いておったらね,のんきそうとちがうから,雲を見てね,『馬鹿にのんきそうじゃないか』って」と答えた。この発言にも「すぐれたもの」が隠されていると考えたのだろう。斎藤氏は,子どもたちが語り手の心情をより明確に共有し納得できるように,次のような「たとえばなし」をしている。

　　みんながお母さんに買物などをたのまれたとき,友だちがのんきそうに
　　遊んでいる。そんなとき,「いいなあ君は」なんていうことあるね。そう
　　いう気持ちを言っているんだって。　　　　　　　　　　（同書，210頁）

　さらに,〈どこまでゆくんだ／ずっと磐城平の方までゆくんか〉のところで,斎藤氏は「この人は自分もゆきたいのか。そんなことは考えていないのか,どっちかな」と発問したのだが,子どもたちが無言だったため,「自分が家にいたら,お友だちが,リュックサックか何かを背負って,前の道を通った。それで,『おうい何々君,どこにゆくんだ,淡路島にゆくんか』というときは,ただ聞くときもあるし,おれもゆきたい,連れていってくれえというときもあるね」という「たとえばなし」をしている（同書，201〜211頁）。
　これは,子どもの発言を補充するケースとは違って,教師の発問を補充することによって,子どもたちに考えやすくするための「たとえばなし」である。

さて，この発問に対して，ある子どもが「山村暮鳥はね，雲を見てきれい だったから（そう言った）」と答えた。これは，「ただ聞いているだけ」とい う側の意見である。斎藤氏はこれを受けて，「そういうこともあるでしょう ね。お嫁さん（花嫁さん―鶴田注）が通ったときに，お嫁さんが来ているぞ， きれいだなと思って，みているだけ。そんなこともあるね」という「たとえ ばなし」をしている（同書，212頁）。これも子どもの発言を具体的に分かり やすい形で補充・拡大している例である。

「類推」は論理的思考力の前提

斎藤氏の授業では，子どもの生活経験に基づく類推が「分かりやすさ」の 条件となる。ハイデガーやガダマーらの解釈学では，ある事柄について前も って持っている暗黙的な理解のことを「前理解」または「先行理解」と呼ぶ。 斎藤氏は「たとえばなし」によってそれを喚起し，テキストの生き生きとし た理解を促したのである。

これは一見，感性的な想像力の次元の問題と思われるかもしれないが，実 はこれこそが論理的な思考力を育む基盤となるのである。なぜなら，すで述 べてきたように，論理的であるということは具体的な経験に対応するという ことだからである。

6　理由づけの質を高める
―「すがたをかえる大豆」の授業（その1）―

ここまで，論理的な思考力・表現力を育てるためのツールとして，「根拠・ 理由・主張の3点セット」が有効であると述べてきた。そして，理由づけに おいて生活経験に基づいて類推（推測）することによって，説得力が高まり， 聞き手に具体的かつ実感的な理解を促すようになるということを述べた。

以上をふまえて，以下では，子どもたちの発言における理由づけの質に着 目して，それを高めるための方策について検討していくことにしたい。

筆者の考えと事例はつながっているか

　まず，杉本典子教諭の「すがたをかえる大豆」の授業（小学校３年）を紹介する（詳しくは鶴田清司・河野順子編『論理的思考力・表現力を育てる言語活動のデザイン　小学校編』2014年，明治図書，103〜115頁を参照）。

　「筆者の考えと取り上げた事例の関係」について話し合う場面を見てみよう。「根拠・理由・主張の３点セット」のうち，「主張」の部分が，「答え（事例）と国分さんの考えはつながっているのか，いないのか」という二項選択で設定されている。

　まず，「国分さんの考えはない」と主張する子どもがいたので，その問題を検討している。

　C　筆者の考えはあると思います。
　C　私も最初は，国分さんは考えや言いたいことは書いてないと思っていたのですが，Kさんに賛成します（主張）。わけは，「おどろかされます」（根拠）と，自分の気持ちを確かに伝えているようだからです（理由）。
　T　考えを書いているんじゃないかなって傾いてきたわけね。
　C　国分さんは，考えというか言いたいことを書いているような気がします（主張）。なぜかというと，えっと……「むかしの人々のちえにおどろかされます」（根拠）ということは，読み手に伝えたいことや言いたいことだと思うので（理由），８段落は考えが書いてあると思います（主張）。

　根拠（どこから）と理由（なぜ）を明示して，筆者の考えが存在することを主張している。特に理由づけをきちんと述べていることで説得力が高まっている。

　こうして８段落に筆者の考えがあることを共通理解した後，「答えと国分さんの考えはつながっているか，いないのか」という本時の中心課題に移っ

ていった。

　まず，「つながっていない」と主張する子どもから順に発表していく。その途中でMくんが突然声を上げた。

　Y　　答えと考えがつながっていないと思いました。
　T　　Yさんは答えと考えがつながっていないって思うのね。Iさんも同じ
　　　考えだよね。
　I　　はい。
　M　　あ〜。「まめからくん」がない意味は，そういうことか！
　C　　は！　うん！　何？
　M　　ぼくはこの教科書に「まめからくん」がのっていないことが分かりま
　　　した。なぜかというと，最後の方に「食事に取り入れてきた昔の人々の
　　　ちえにおどろかされます。」と昔の人々のちえって書いてあるから，こ
　　　の中には昔のちえが生んだ大豆の食品しか書いてないことが分かりまし
　　　た。
　C　　昔の人のちえだからだ。
　C　　あ〜，すごい。そうだね。
　I　　やっぱり，8段落に考えはあると思います。やっと分かりました。
　T　　Iさんは，考えが変わったのね。

第一次のデザインの重要性

　この授業の第一次では，総合的な学習の時間とリンクして，身近な大豆食品を実際に見たり作ったりするという体験をしている。Mくんは，そのときの体験から得た「まめからくん」（大豆タンパクを唐揚げにした冷凍食品）の情報を取り出して，「煮豆，豆まきに使う豆，きなこ，とうふ，納豆，枝豆，もやし」は昔からあるという本文の情報と比較している。その意見を聞いて，8段落に「考え」があるかどうか迷っていたIさんは国分さんの考えが存在することを納得する。筆者の考え（昔の人々の知恵はすばらしい）と

食品の事例が緊密に結びついていることに気づいたのである。

　ここで注目したいのは，第一次で学習者の思考（理由づけ）の基盤となる「体験の掘り起こし」（杉本教諭）を入念に行ったことである。改めて，第一次の学びのデザインの重要性が確認できる。第一次は，自分の考えの理由づけの土台となる既有知識や生活経験を喚起・形成するという役割を持っていることが改めて確認できる。

　Mくんの発言のように，それが明確かつ具体的になると，他の子どもたちも納得する。まさに論理的な対話の成立である。

7　理由づけの質を高める
　　―「すがたをかえる大豆」の授業（その２）―

事例の順序性を検討する

　引き続いて，杉本典子教諭の「すがたをかえる大豆」の授業を取り上げる。
　第11時は，８段落と他の段落を関係づけて文章を検討することがねらいである。子どもたちは，「むかしの人々のちえにおどろかされます」という筆者の考えに納得するか，しないかという二項選択で意見を発表していった。
　筆者は自分の考えを分かりやすく説明するために事例の順序を工夫している。しかし，最初，「３・４・５・６・７段落の例はどれも同じくらい大事だから，段落を入れ替えてもいい」と，事例に順序性を見いだしていない子どもがいた。そこで杉本教諭は３段落と４段落を入れ替えて，子どもたちの考えをゆさぶった。その結果，３段落の「いる」「にる」，４段落の「いる」「こなにひく」を根拠に，手順に着目して順序性を見いだしたり，５段落の豆腐は「ひたす」「すりつぶす」「熱す」「しぼる」「にがり」と手間が増えることから，３・４・５段落の順序性も見いだしたりするようになった。
　そこで杉本教諭は，手間という観点から３・４・５段落の順序性に気づいた子どもに，それが６段落にも通用するかどうかを問いかけた。すると，「小さな生物の力をかりて」を根拠に，３・４・５段落の観点が６段落には

通用しないと答えた。

　さらに7段落との関係では，次のような話し合いが行われた。

　　C　　私は，7段落の「取り入れる時期や育て方をくふう」（根拠）は，6
　　　　段落よりちえが上だと思います（主張）。なぜかというと，今まで私た
　　　　ちが育ててきたアサガオとかも日光に当てたけど，日光に当てないでや
　　　　ってみようという考えが6段落よりもすごいと思う（理由）。
　　T　　小さな生物の力を借りる方がすごいんじゃないの。
　　C　　わたしは，もやしは，日光に当てないで育てられて（根拠），「日光に
　　　　当てないで育てることはありますか。」って先生が言ったときに，みん
　　　　なは，一人も思いつかなかったので，みんなが知らないことをやってい
　　　　るので（理由），すごいと思います（主張）。
　　C　　日光と水……私はホウセンカに肥料とかもやって，で，元気に育って
　　　　た……。もやしは，今まで育ててきたのと比べてみると，日光に当てな
　　　　いで育てたのは他に一つもないから（理由），そっち（7段落）の方が
　　　　驚くと思います（主張）。　　　　　　　　　　　　　　（カッコ内は鶴田）

　子どもたちは，今まで花を育ててきた方法と比較して，「もやし」のよう
に「日光に当てないで育てたのは他に一つもない」といった理由から，7段
落の工夫の方が6段落よりも「ちえが上」「すごい」と述べている。子ども
の栽培体験に基づいた実感的な理解であり，事例の順序性に迫っている。
　次に，杉本教諭は「えだ豆」についても考えさせている。
　「えだ豆のようにまだ若くて柔らかいときに取り入れる食べ物って他にも
ある？」と発問したところ，ピーマンとみかんが出された。しかし，地域学
習でピーマン農家からもらって育てたピーマンは若いうちは小さく硬かった
ことを子どもたちは思い出した。また，みかん農家に育った子どもが，みか
んの若いころは緑色ですっぱくて硬いと発言した。結局，若くて柔らかいと
きに取り入れる食べ物はえだ豆の他に見つからなかった。つまり，もやしや

えだ豆のような育て方の食品は子どもの経験にはなかったのである。

　なお杉本教諭は，6段落のような小さな生物の力を借りる工夫が他にもあるかどうか，子どもの知識や体験を引き出すために，「○○菌って聞いたことない？」と尋ねた。すると，乳酸菌を使った商品名が出たり，給食のパンの穴はイースト菌が呼吸した息の穴だという話が出たりした。こうして小さな生物の力を借りて違う食品にする工夫は現代もいろいろあることを知っていった。

まとめ

　杉本教諭の授業では，子どもたちが自分の生活経験を想起し，それを教材本文と結びつけることによって豊かな解釈（理由づけ）が生成され，筆者の考え（事例の選択や順序性）に納得できるかどうかという自分の考えが明確になっている。6の「この教科書に『まめからくん』がのっていないことが分かりました」という発言もそうであった。第一次での体験づくり・体験の掘り起こしや総合的学習との関連づけが大きな成果を上げている。こうした実感をともなったテキスト理解が批評の学習の基盤となる。それなしでは観念的なレベルでの納得や批判にとどまってしまうだろう。

　授業のポイントは，とにかく「具体的に考えること」に尽きる。これが論理的な思考力・表現力を育てることになる。

8　理由づけの質を高める—「じどう車くらべ」の授業—

「導入」に見られる工夫〜生活経験を想起する〜

　6，7では，子どもたちの理由づけの質を高めるために，第一次の授業デザインが重要であることを述べた。つまり，第一次での体験づくり・体験の掘り起こしがテキストの解釈の基盤となって，自分の考えの理由づけ—「ここからこういうことが分かるので……」—を具体的で実感をともなったものにしていくのである。

以下では，小林恵子教諭（甲斐市立竜王西小学校：当時）の「じどう車く
らべ」の授業（小学校１年）を取り上げてみたい。（詳しくは鶴田清司・河野
順子編『論理的思考力・表現力を育てる言語活動のデザイン　小学校編』2014年，明
治図書，44〜65頁を参照）

　本単元は，「じどう車くらべ」という説明文教材でいろいろな自動車の
「しごと」と「つくり」を「そのため〜」という接続詞でつなげて説明する
ことを学んだ上で，動物園のキリンたちを乗せるためのバス「キリン号」を
発明して，その紹介文を書くこと（本時）が目標であった。

　この授業では，入門期の子どもたちが学習に意欲的に取り組めるようなさ
まざまな工夫が見られる。特に，学習者の生活経験の想起という観点から，
授業の導入における工夫を見ていこう。

　まず，「キリン号」を発明してほしいという動物園の園長さんからの依頼
文（架空の手紙）にはこう書いてある。

　「今度，動物園のキリンたちが隣町にある東動物園に遠足に行くことにな
りました。」

　単にバスで移動するというのではなく，「遠足に行く」というのがポイン
トである。子どもたちは先日，バス遠足に行ってきたばかりだからである。
その経験があるからキリンの身になって考えやすくなる。教師は「みんなも
キリンさんのことを考えてキリン号を作ってあげよう」と誘いかけたが，こ
うした背景があったのである。

　要するに，子どもたちから実感をともなったさまざまなアイデアが出され
るような仕掛けである。単なる動物の移送という条件では，キリンの側に立
ったアイデアは出にくいだろう。（なお「キリン号」について説明するとき
も，「みんな，このあいだの遠足のとき何号車のバスに乗ったかな？」と問
いかけて，「〜号」の由来を確認していた。さらに，実際に動物が自動車に
乗っているのを見たことがあるかどうかも尋ねて，何人かに発表させていた。
これも生活経験につなげる配慮である。）

　授業では，こうした生活経験の想起によって，「キリン号」のさまざまな

アイデアが出された。

　何人かの子どもは，「キリン号」の屋根に穴を開けるという工夫を発表した。そこには少なくとも二つの理由づけが存在していた。

C　屋根に大きな穴が開いています。それから顔を出して外を見れるようになっています。
C　穴から首を出して空気を吸うことができます。

　いずれも，自分が自動車に乗ったときの経験に基づく理由づけである。バス遠足を楽しむためには，外の景色を眺めたり，外の空気を吸ったりすることが必要だという既有知識・経験が想起されたのである。

　こうした多様な理由づけ（解釈・推論）を取り上げて全体の場で交流させると，論理的な対話が生まれてくる。「外の景色を見るとどうなるか？→退屈しない」「外の空気を吸うとどうなるか？→乗り物酔いしない」というように，子どもたちの考えがどんどん具体的（論理的）なものになる。屋根に穴が開いているという「つくり」は，キリンが気持ちよく，楽しく遠足できるようにするためであるということが子どもたちに広く受容・共有されていくのである。

　このように，自分の経験と対応する形で具体的に考え，述べることが相手の共感や納得を引き起こすことになる。（逆に批判や反論も引き起こすことになるが，ここではその問題は取り上げない。いずれにしても論理的な思考や対話の成立条件であることに変わりはない。）

まとめ

　論理的な思考力・表現力の育成というと，ともすると形式論理に基づく思考スキルのトレーニングに走りがちである。しかし，本書のキーワードである「論理的＝具体的」という観点から見ると，理由づけにおける具体性が何よりも重要である。

例えば，「理由は二つあります。第一は…，第二は…」という話型（ナンバリング）の指導がよく行われているが，それだけでは不十分である。肝心の理由に説得力がないと意味がない。型を身につけることも大事だが，それがただちに論理的思考力・表現力を育てることにはならない。内容と形式の一元化による学習が望まれる。

　「根拠・理由・主張の３点セット」という型も，既有知識や生活経験と結びつけてテキストを解釈してこそ価値を増すのである。

9　理由づけの質を高める―「モチモチの木」の授業―

「豆太」の必死さが分かるところ

　第20回日本国語教育学会熊本支部大会（2012年12月22日）で，熊本大学附属小学校の井上伸円教諭（所属は当時）が「モチモチの木」（斎藤隆介）の公開授業を行った。

　「『モチモチの木』のはてなブックをつくろう」という「単元を貫く言語活動」のもとで，本時は「豆太の必死さが一番分かるところはどこだろう」という課題が設定された。

　井上教諭は日頃から「根拠・理由・主張の３点セット」を意識して論理的思考・表現の指導にあたっている。

　　例えば「ねまきのまんま」に着目した子どもに対しては「なぜ，ここから必死さが分かるのか」と問いかけ，「ふつうだったら，寒い夜なので着替えていく。でも，何とか助けたいと必死だったから，着替えるひまもなかった」などの子どもたちなりの理由付けを明らかにしていく。子どもたちが，どの言葉に着目し，どのような理由付けを行っているのかを丁寧に押さえていく中で，それぞれの考え方の共通点や違い，文章のつながりなどに気付かせていきたい。　　　　　　（当日の授業研究会資料より）

実際，本時でも，「根拠・理由・主張の３点セット」に基づく学習の成果が表れていた。

　特に，「いつもの豆太だったら〜」「自分だったら〜」「ふつうだったら〜」というように条件的思考や対比的思考のスキルを使って，「豆太」の必死さについて説明している子どもが多かった。

　C　豆太は夜に表戸をふっとばして走っていったので（根拠），普通の豆
　　太なら，せいぜいできることは夜に表を何歩か歩くぐらいしかできない
　　けど，なのに表戸をぶっ壊して走っているから（理由），それほど必死
　　さが感じられる（主張）。
　C　普通なら，あわてていなければ，のんびりと普通に着替えてちゃんと
　　靴もはいてゆっくり走るけど，あわてているから（理由），着替えるの
　　とか靴をはくのとかを忘れて，必死になってじさまを助けようとしてい
　　るんだと思います（主張）。
　C　霜が足にかみついた（根拠）は刺さったということだから，血が出て
　　普通の五歳の子どもだったら泣いて前に進めないと思うけど，豆太は泣
　　きながらそれでも走ったから（理由），一番必死なのはここだと思う
　　（主張）。

「根拠・理由・主張の３点セット」が条件的思考や対比的思考と相まって，人物の心情の解釈を促していることがうかがえる。（私の言う〈分析〉→〈解釈〉という道筋である。）

子どもたちの限界

　しかし，一方では，理由づけが一般的なものにとどまっていて，子どもの既有知識や生活経験に基づく具体的な理由づけになっていないという問題も指摘できる。

　「"表戸を体でふっとばして" から必死さが分かる」「"半道もあるふもとの

村まで、から必死さが分かる」というように，理由づけそのものが欠落している発言も見られた。

　さすがに井上教諭も子どもたちの理由づけの弱さに気づいていて，授業中に次のような問いかけや助言をしていた。

　T　みんなはふだん表戸をどうやって開けますか？　やってみてください。
　T　先週，花壇の霜にさわったよね。あの上をはだしで歩いたらどうでしょうか？
　T　君たちはおじいちゃんの背中をけとばすなんてありえないよね。

　こうした発言は子どもたちの既有知識や生活経験を想起させて，テキストの解釈（理由づけ）を促す役割を持っている。これによって，豆太の味わった身体感覚としての痛さ，冷たさ，暗さ，こわさ，遠さ……を実感的に理解させようとしたのである。

　にもかかわらず，「モチモチの木」の世界は今の子どもたちが生きている生活世界からは大きくかけ離れている。他の文学教材でも同様に，両者をいかにつないでいくかということが国語科教育の大きな課題である。

　まずは就学前の段階から，子どもたちの生活経験を豊かにすることが欠かせない。しかし，それだけでは限界がある。ふだんの授業において，子どもが持ち合わせている範囲の既有知識・生活経験からテキストの意味を解釈するという思考の態度や方法を促すことが望まれる。

　先に紹介した「大造じいさんとガン」の授業（74〜76頁）や「故郷」の授業（76〜78頁）はその可能性を示している。

10 「根拠・理由・主張の3点セット」の有効性
―推薦文を書くために―

　本書では，論理的思考力・表現力の一つのツールとして，「根拠・理由・主張の3点セット」の有効性について述べてきた。「ここからこういうことが分かるので……」というように，テキストを自分の既有知識や生活経験と結びつけて解釈することによって理由が具体的なものになり，主張が説得力を増していく。

　周知のように，学習指導要領では「言語活動の充実」が重視されている。そこでは論理的な思考力・判断力・表現力が求められている。

　ここでは，推薦文を書くという言語活動を取り上げて，「根拠・理由・主張の3点セット」の有効性を示していきたい。

「大造じいさんとガン」の推薦文を書こう

　富士吉田市立吉田小学校の5年生は2014年度，三つの学級で「コピーライターになって物語を推薦しよう」という言語活動に取り組んだ。「大造じいさんとガン」のよさを4年生に伝えるために効果的な推薦文を書くという活動である。具体的には，①根拠や理由を明らかにして推薦文を書くこと，②キャッチコピー（見出し）とボディコピー（本文）に分けて推薦文を書くことが目標である。（大内善一『コピー作文がおもしろい』1997年，学事出版を参照）

　私は全クラスの授業を一時間ずつ参観したが，推薦文を書くという学習に取り組むための周到な手だてが用意されていた。場面ごとに自分がいいなと思ったところを「グッとカード」に書き込み，それをもとに下書きの作成，そしてグループでの交流（質問や相互評価）を経て，下書きの推敲と清書……という流れである。

　また，物語を推薦するときの観点として，①登場人物（人物の性格，関

係），②表現（描写・視点），③構造・展開，④作者の意図，⑤その他（ジャンル，作者の生き方など）を設定して，それに基づいて作品の魅力を伝えるということも行われていた。

　さらに，具体的な評価の言葉や書き方（呼びかけ・引用）などのモデルも提示しながら，大変に丁寧な指導が行われた。どの子も推薦文が書けるようにするための手だてである。

　あるクラスで，グループごとに子どもたちがお互いの下書きを読み合って，質問や意見を述べるという学び合いが行われていた。

　最初，Ｋくんは下書きに次のように書いていた。

　　一番感動したところは，残雪がハヤブサと戦った後，第二の敵の人間を見てにらみつけたところなので，すいせんします。

　これに対してＲさんは，「なぜ感動したのですか？」と書いた青い付箋をＫくんの下書きに貼り付けた。（質問は青，よい点はピンク，参考にしたい点は緑の付箋に書くことになっていた。）

　この質問は単に分からないことを聞くというのではなく，推薦するときは「根拠」だけでなく「理由」も述べる必要があるという指摘である。Ｋくんはこの質問に対して，その場で「残雪の頭領らしい姿に感動したから」と答えた。すかさずＲさんは「それを入れて書いた方がいいよ」とアドバイスをした。

　これを受けて，Ｋくんは次のように書き直した。

　　一番感動したところは，残雪がハヤブサと戦った後，第二の敵の人間を見てにらみつけたところです。残雪が頭領らしくて感動したので，すいせんします。

「根拠・理由・主張の３点セット」によって物語のよさを推薦する文章が

書けている。二人のやりとりを見ていた私は，こうした共同的な推敲活動の中で相手の疑問や意見を素直に受け入れるKくんの開かれた態度に感心するとともに，欲を言えば，もっと具体的に理由を書けるといいのに……と思わずにいられなかった。子ども同士の交流の限界であろう。教師の出番はここからである。

例えば，「Kくんは頭領らしい姿に感動したと言っているけど，もっと詳しく書いてみよう。他にも頭領らしさが分かる文があるかもしれないから探してみよう」というように，他の場面と関連づけて考えさせることで残雪の人物像を明確に捉えることができる。

また，「Kくんが残雪だったとしたらどうするだろうか。瀕死の重傷を負った上に，自分は絶対撃ち殺されるという状況の中で残雪と同じような態度や行動をとれるだろうか」というように，自分の生活経験と比べながら具体的にイメージさせることによって，残雪の頭領らしさを生き生きと捉えることもできる。

いずれにせよ，この物語を推薦するにあたって，具体的な根拠と理由を述べることが「効果的な推薦文」となって説得力を高めるのだということを学ぶ必要がある。

言語活動で留意すべきこと

言うまでもないことだが，よい推薦文を書くためには，本授業のように効果的な書き方を知るだけでなく，何よりも作品に深く感動していることが大前提になる。「どう書くか」（形式）の前に「何を書くか」（内容）という問題である。

子どもたちの「グッとカード」や下書きを見ていると，その点で物足りなさがあった。例えば，根拠や理由を明らかにして詳しく書いている子どもの中にも，「敵同士であった二人が感謝し合い，なかよくなった話としてこの物語を推薦します」と書いている子がいた。先行の教材研究や授業実践を見ても，「人間と動物の心の交流」という主題観があるが，これは作品の本質

を読み誤っている。おとりのがんと残雪に対する大造じいさんの扱い方の違いを見れば歴然である。残雪もまた「一直線に空へ飛び上がりました」というように何ら逡巡や未練はなく自然界に戻っていく。「交流」ではなく「対峙」の関係である。（詳しくは拙著『〈解釈〉と〈分析〉の統合をめざす文学教育～新しい解釈学理論を手がかりに～』2010年，学文社を参照）

　５年生の先生方も，限られた時間の中で推薦文を書くという言語活動をさせるために，読解・鑑賞の時間が不足してしまうのが一番の悩みであると語っていた。

　推薦文であれリーフレットであれ，「単元を貫く言語活動」が最終目標として自己目的化してしまうと，その土台となる読解・鑑賞・批評（作品をじっくりと読み味わうこと）が不十分になるという恐れがある。文学教材における「単元を貫く言語活動」のアポリアである。（詳しくは鶴田清司・河野順子編『論理的思考力・表現力を育てる言語活動のデザイン　小学校編・中学校編』2014年，明治図書を参照）

11　論理的な対話が成立するために―質問することの重要性―

　ここまでに論理的思考力・表現力を育てるために「根拠・理由・主張の３点セット」が有効であると述べてきた。以下では，「論理的な思考力・表現力に支えられた対話能力」としての論理的な対話力について掘り下げて論じることにしたい。

質問するということ

　論理的対話力というと，広い意味でのディベート能力と捉える向きも多いだろう。井上尚美氏も述べているように，「論理的＝批判的」であるということである（『言語論理教育の探究』2000年，東京書籍，13頁）。つまり，相手の意見を鵜呑みにしないで，「３点セット」などを活用しながら，その考えの根拠は何か，理由づけは妥当かということをチェックしながら聴く（読む）

ということになる。

　もちろん，それは最終到達点として重要であるが，そうした批判的スタンスの前に，まずは相手の言うことを正しく理解するということが大切である。（肯定的に評価する場合も同様である。）

　そのためには，少しでも分からないところがあったら質問するということが不可欠である。その上で，意見が食い違ったり対立したりする場合は，反論したり，説得したりすることによって，最終的には相手との意思疎通や合意形成を図ることが重要になる。

　先にあげた富士吉田市立吉田小学校の３年生の授業で，「三年とうげ」（李錦玉）を読んで，その構成（起承転結）や表現を参考にして自分の物語を作るという学習が行われていた。その中で，友達の組み立てメモを読んで付箋にコメントを書いて交流するという場面があった。「よいところ」「参考にしたいところ」の他に，「こうした方がいい」というアドバイスカードもあった。しかし，コメントをうまく書けない子どもが何人もいた。相手の組み立てメモをよく見ると，書いた本人もよく分からないと思われるような部分が多かった。

　授業後に，質問カードのような付箋も用意して，分からないところを聞くという活動をもっと取り入れた方がよかったのではないかと授業者に伝えた。授業者も同意見であった。

　３年生担任の他の先生方はこれをふまえて，自分のクラスでは質問を積極的に取り入れた授業展開にした。教師が作った物語の組み立てメモを最初に提示して，質問を出させたのである。子どもたちからは「何人兄弟ですか？」「なぜクマを主人公にしたんですか？」といった質問が相次いだ。

　この後グループでの交流になった。ある子が「白い部屋から出られなくなった」（出来事・事件）→「妖精が登場した」（解決に向けて新しい人物が登場）→「外に出られて妖精と友達になった」（結末）という組み立てメモを発表したところ，「どうやって外に出られたの？」という質問が出た。これに対して「妖精がカギを持っていた」と答え，他の子たちが「いいね，いい

ね」と反応していた。

　このように，分からない点を訊き，相手の考えを正しく理解するところから論理的な対話はスタートするのである。質問された側も考えがより明確になるだろう。

　ちなみに，ディベートでも最初の「立論」の後，いきなり「反駁」に入るのではなくて，相手の主張を確認するための「質疑」ないし「尋問」というステージが用意されている。

　最近，「質問力」をタイトルにした実用書・ビジネス書が店頭に多く並んでいる。社会的なスキルとしての重要性が認知されていることの表れだろう。

　以上，対話の前提として，質問をして正しく理解することの必要性について述べてきた。そのためには，学級の中に「聴き合う」関係ができていないといけない。まずは相手の言うことを受け止めることが出発点なのである。

今後の課題

　対話能力の育成をめぐる実践的課題として，いかに対話をつなげていくかという問題がある。実際，子どもの対話が長続きせず，すぐに途切れてしまうことが多い。

　また，この問題とも関わって，対話をスムーズに運んでいくためには論理だけではうまくいかないという問題もある。会議，交渉など実生活のさまざまな場面でそれを実感することが多い。「伝え合い」ではなく「通じ合い」を中心とした「感性的コミュニケーション」の領域である（鯨岡峻『原初的コミュニケーションの諸相』1997年，ミネルヴァ書房）。

　こうした問題については別の機会に論じてみることにしたい。

第3章
「アクティブ・ラーニング」を
超える授業づくり

1 「アクティブ・ラーニング」の背景と定義

「アクティブ・ラーニング」はどこから生まれてきたか

　今日,「アクティブ・ラーニング」という言葉が教育界に急速に広がっている。

　「アクティブ・ラーニング」とは, もともと, 大学教育の改革の動きの中で使われるようになった用語である。ともすると大学の講義が一方通行的な知識の伝達に陥りがちであるという問題意識から提唱された。

　中央教育審議会の答申 (2012年) には, 次のように書かれている。

　　生涯にわたって学び続ける力, 主体的に考える力を持った人材は, 学生からみて受動的な教育の場では育成することができない。従来のような知識の伝達・注入を中心とした授業から, 教員と学生が意思疎通を図りつつ, 一緒になって切磋琢磨し, 相互に刺激を与えながら知的に成長する場を創り, 学生が主体的に問題を発見し解を見いだしていく能動的学修（アクティブ・ラーニング）への転換が必要である。すなわち個々の学生の認知的, 倫理的, 社会的能力を引き出し, それを鍛えるディスカッションやディベートといった双方向の講義, 演習, 実験, 実習や実技等を中心とした授業への転換によって, 学生の主体的な学修を促す質の高い学士課程教育を進めることが求められる。学生は主体的な学修の体験を重ねてこそ, 生涯学び続ける力を修得できるのである。

（『新たな未来を築くための大学教育の質的転換に向けて〜生涯学び続け, 主体的に考える力を育成する大学へ〜 （答申)』2012年8月28日, 下線は鶴田）

その後，中央教育審議会は「新しい時代にふさわしい高大接続の実現に向けた高等学校教育，大学教育，大学入学者選抜の一体的改革について」という答申を出した（2014年12月22日）。大学入試センター試験を廃止して，新たに「高等学校基礎学力テスト（仮称）」や「大学入学希望者学力評価テスト（仮称）」を実施することが盛り込まれている。特に「大学入学希望者学力評価テスト」は従来のテストと大きく異なり，次のような内容となっている。

・知識・技能を活用して，自ら課題を発見し，その解決に向けて探究し，成果等を表現するために必要な思考力・判断力・表現力等の能力を中心に評価する。
・従来の「教科型」に加えて，その枠を越えた思考力・判断力・表現力を評価するため，「合教科・科目型」「総合型」の問題を組み合わせて出題する。
・解答方式については，多肢選択方式だけではなく，記述式を導入する。

　大学入試方法の改革は教育改革の最大の焦点である。今までのような受験体制のもとでは，学習指導要領が変わったとしても，知識の詰め込みになりがちで，高等学校の授業はなかなか変わらなかった。こうした問題を根本から改めるというのだから，今回の教育改革への強い意気込みが感じられる。
　「アクティブ・ラーニング」は入試方法の改革と並んで，そのための切り札なのである。
　さらに，こうした「アクティブ・ラーニング」が小・中学校の段階でも提唱されるようになってきた。実際，新学習指導要領にも「主体的・対話的で深い学び」という名称で盛り込まれることになった。
　この背景には，大きく二つの流れがある。一つは，ＰＩＳＡなど各種学力調査の結果を受けて，学習指導要領（平成20年）で「思考力・判断力・表現力等」の向上のために各教科等において「言語活動の充実」が掲げられたこ

とである。これによって意見の発表や話し合い活動がこれまで以上に多く取り入れられるようになった。もう一つは，学習指導要領（平成10年）で「総合的な学習の時間」が導入され，新学力観による授業が広がったことである。こうした流れに棹さし，従来の教育改革の一層の徹底を図るために，小・中学校・高校においても「アクティブ・ラーニング」が提唱されるようになったのである。（ある意味では「各教科等における言語活動」や「総合的な学習の時間」がうまく機能しているのであれば，さらにそれ以前に，日常の授業における学びの質が高いのであれば，ことさら「アクティブ・ラーニング」と言わなくてもよいことになる。）

　私の実感だが，ふだん学生に接していると，大学に入学しても，受験勉強のようにどこかに正解があり，その正解を覚えることが学習だと思い込んでいる学生が多い。ところが学問研究にはたった一つの正解というものはない。自分で課題を見つけて，自力でよりよい解決をめざさなければならない。社会に出ても，正解のない問題ばかりである。どんな職業・職種であれ，そうした問題をどう解決していくかという資質・能力が問われている。

　こう見てくると，今さらという感じはするものの，「アクティブ・ラーニング」が教育課程にきちん位置づけられるようになることはひとまず歓迎したい。

「アクティブ・ラーニング」とは何か

　このところ「アクティブ・ラーニング」という言葉があちこちで使われているが，最も基盤となる教育行政サイドの定義を見ておこう。

　　教員による一方向的な講義形式の教育とは異なり，学修者の能動的な学修への参加を取り入れた教授・学習法の総称。学修者が能動的に学修することによって認知的，倫理的，社会的能力，教養，知識，経験を含めた汎用的能力の育成を図る。発見学習，問題解決学習，体験学習，調査学習等が含まれるが，教室内でのグループ・ディスカッション，ディベート，グ

ループ・ワーク等も有効なアクティブ・ラーニングの方法である。

（前掲2012年中教審答申「用語集」）

　ある事柄に関する知識の伝達だけに偏らず，学ぶことと社会とのつながりをより意識した教育を行い，子供たちがそうした教育のプロセスを通じて，基礎的な知識・技能を習得するとともに，実社会や実生活の中でそれらを活用しながら，自ら課題を発見し，その解決に向けて主体的・協働的に探究し，学びの成果等を表現し，更に実践に生かしていけるようにすることが重要であるという視点です。そのために必要な力を子供たちに育むためには，「何を教えるか」という知識の質や量の改善はもちろんのこと，「どのように学ぶか」という，学びの質や深まりを重視することが必要であり，課題の発見と解決に向けて主体的・協働的に学ぶ学習（いわゆる「アクティブ・ラーニング」）や，そのための指導の方法等を充実させていく必要があります。

（「初等中等教育における教育課程の基準等の在り方について（諮問）」2014年11月20日，下線は鶴田）

　要するに，「アクティブ・ラーニング」とは，子どもたちが主体的・能動的・協働的に問題を発見，解決していくような学習の総称である。したがって，「これがアクティブ・ラーニング」という唯一絶対のモデルがあるわけではない。マクロなレベルからミクロなレベルまでさまざまである。「アクティブ・ラーニング」と言うと，問題解決学習や協同的学習，探究的学習といった特別な授業方法，学習形態をイメージする人が多いと思うが，それだけが「アクティブ・ラーニング」ではない。日常の授業のちょっとした瞬間にも「アクティブ・ラーニング」は起こっている。その契機となるのは，学習材に対する子どもたちのさまざまな問いである。次で詳しく見ていくことにしよう。

2 子どもの問いから出発するアクティブな学び

身近な「アクティブ・ラーニング」の事例〜「ごんぎつね」〜

「ごんぎつね」（新美南吉）の授業から，そうした事例を紹介したい。

「ごんぎつね」の最後の場面である。いくつかの教室で，「先生，ここがおかしいよ」という声が上がっている。

ある小学校では，「兵十の家に〈物置〉と〈なや〉があるのはおかしいよ」という疑問が出された。その理由は，「物置にいた兵十がなやに火縄銃を取りに行っている間にごんは逃げてしまうからだ」というものであった。すると，それを聞いていた他の子どもからも疑問の声が上がった。「兵十の家は貧しいんだから，物置もなやもあるのはおかしい」という別の理由である。教科書本文には確かに〈物置〉と〈なや〉が並記されている。子どもたちの疑問はもっともである。こうした発言をきっかけにして，子どもたちは南吉の草稿「権狐」の本文を読んで，そこには〈物置〉がなく，すべて〈なや〉に統一されていたことを知る。これは，『赤い鳥』掲載にあたって，編集長の鈴木三重吉が南吉の原稿を大幅に改稿したことにともなう修正ミスとされる問題である。子どもたちの疑問が本文批評（テクスト・クリティーク）という探究的学習に発展している。きわめてアクティブかつ豊かな学びである[1]。

【草稿「権狐」】

　　　　五

　その日も権狐は，栗の実を拾つて，兵十の家へ持つて行きました。兵十は，<u>納屋</u>で縄をなつてゐました。それで権狐は背戸へまわつて，背戸口から中へはいりました。

　兵十はふいと顔をあげた時，何だか狐が家の中へはいるのを見とめました。兵十は，あの時の事を思ひ出しました。鰻を権狐にとられた事を。きつと今

日も，あの権狐が悪戯をしに来たに相違ない――。

「ようし！」

兵十は，立ちあがつて，丁度<u>納屋</u>にかけてあつた火縄銃をとつて，火薬をつめました。そして，跫音をしのばせて行つて，今背戸口から出て来ようとする権狐を

「ドン！」

とうつて了ひました。

権狐は，ばつたり倒れました。兵十はかけよつて来ました。所が兵十は，背戸口に，栗の実が，いつもの様に，かためて置いてあるのに眼をとめました。

「おや――。」

兵十は権狐に眼を落しました。

「権，お前だつたのか……，いつも栗をくれたのは――。」

権狐は，ぐつたりなつたまゝ，うれしくなりました。

兵十は，火縄銃をばつたり落しました。まだ青い煙が銃口から細く出てゐました。

（『校定新美南吉全集第十巻』1981年，大日本図書，647～659頁，下線は鶴田）

【定稿「ごん狐」（教科書本文）】

六

そのあくる日もごんは，栗をもつて，兵十の家（うち）へ出かけました。兵十は<u>物置</u>で縄をなつてゐました。それでごんは家の裏口から，こつそり中へはいりました。

そのとき兵十は，ふと顔をあげました。と狐が家の中へはいつたではありませんか。こなひだうなぎをぬすみやがつたあのごん狐めが，またいたずらをしに来たな。

「ようし。」

兵十は，立ちあがつて，<u>納屋</u>にかけてある火縄銃をとつて，火薬をつめました。

　そして足音をしのばせてちかよつて，今戸口を出ようとするごんを，ドンと，うちました。ごんは，ばたりとたほれました。兵十はかけよつて来ました。家の中を見ると土間に栗が，かためておいてあるのが目につきました。

　「おや。」と兵十は，びつくりしてごんに目を落しました。

　「ごん，お前（まい）だつたのか。いつも栗をくれたのは。」

　ごんは，ぐつたりと目をつぶつたまゝ，うなづきました。

　兵十は，火縄銃をばたりと，とり落しました。青い煙が，まだ筒口から細く出てゐました。

　　　　（『校定新美南吉全集第三巻』1980年，大日本図書，7〜15頁，下線は鶴田）

　また別の小学校では，〈兵十はかけよってきました〉という文はおかしいという疑問が子どもから出された。

　　この六の場面では，兵十の目から見ているのに，ごんの目から見ている「兵十はかけよってきました」のところがあるとは，おかしいのである。それを，私は作者のまちがいではないかと考える。（中略）正しく直すと，「兵十は，かけよっていきました」となると考える。でも，私は作者ではない。だから，もしかして，作者はそこだけごんの目から見ている方が，ごんがまだ生きているというようなことが読者によく分かるのではないかと考え，そこだけごんから見ている方に話者をうつす。となれば，それで正しいと考える。

　　だが，六の場面は兵十から見ているものが多いので，六の場面は兵十の目から見ている。とすると，まちがいだと考える。

　　　　　　（大森修『国語科発問の定石化』1985年，明治図書，30頁）

とても小学校4年生とは思えない鋭い分析である。すでに西郷竹彦氏も，

文芸学（視点論）の立場から「誤り」であると断じて,「兵十はかけよっていきました」に改めることを提案していた（『教師のための文芸学入門』1968年,明治図書）。

　ただし,それだけで終わってはクラス全体のアクティブな学びにならない。他の子どもの賛成意見はもちろんのこと,逆にこのままでよいとする根拠や理由を持った反論が出てくると面白くなる。

　先の西郷氏の見解に対して,藤原和好氏は「原文のままでいい」とする立場から次のように述べていた。

　　六の場面に到ると,読者は,よく言われているようにごんの視点から兵十の視点に移るわけではありません。そうではなくて,ごんの視点から,ごんの視点と兵十の視点の両者の視点をともに持ちながら,その両者を超えた地点に立たざるをえないのです。それが自然の読みというものです。（中略）読者は,「ごんは,ばたりとたおれました。」と書いてあると,思わずごんのそばにとんでいき,「ごん,だいじょうぶか。」と,ごんをのぞき込むのではないでしょうか。「してやったり」とばかりごんにかけよる兵十よりも,読者の意識は一瞬早くごんのそばにかけよっています。その読者の意識からしてみれば,「兵十はかけよっていきました。」ではなくて,「かけよってきました。」のほうがぴったりとした表現なのではないでしょうか。

　　　　　（藤原和好『文学の授業と人格形成』1981年,部落問題研究所,56～57頁）

　これは,作品における視点の構造やその整合性よりも,鑑賞主体としての「読者の意識」に着目した解釈である。つまり,作品の視点のありようとは独立に,読者の視点が自由に移動することを前提としている。読みの過程で事件の展開（銃撃）を知った読者が,イメージの世界で語り手よりも早くごんのもとに駆けつけているはずだという考え方はそれなりに説得力がある。

これはほんの一例だが，このような反論が出てくるとさらに面白くなる。

　さらに，もしここが「ごん」の視点だとすると，どうして「兵十がかけよってきました」となっていないのかといった疑問にも答えていく必要がある。（詳しくは，拙著『なぜ「ごんぎつね」は定番教材になったのか〜国語教師のための「ごんぎつね」入門〜』2020年，明治図書を参照）

　このような疑問や反論が教室の中に飛び交うようになると，ますますアクティブな学びが展開していくだろう。すぐれた授業においては，学問的な論争に匹敵するような白熱した討論・論争が起こることがしばしばある。そこまでいかなくとも，大抵の教師は自分のクラスの授業が知的な討論を中心に展開していくことを願っているだろう。そのとき子どもの頭の中が最もアクティブな状態になっていると判断しているからである。

　いずれにしても「アクティブ・ラーニング」のきっかけとなるのは子どもたちが学習材に対して持つ問いである。偶発的なケースも少なくない。教師がそこに学習の価値を見いだしたときには積極的に取り上げて，子どもたちが協同的・探究的に問題を解決していくように授業をデザインすることが基本である（事前の計画通りに授業を進めることは「授業のデザイン」とは言わない）。まさに子どもの主体的・能動的な学びの原点はここにある。授業の醍醐味も，教師の腕の見せ所もここにある。

　もちろん子どもの側だけでなく，教師の側から問いを投げかけるという意図的・計画的な働きかけが必要になることも多い。「アクティブ・ラーニング」は子どもの能動性・協働性を重視するが，だからといってすべてを子ども任せにするべきではない。学習者の思考が活性化し，深化していくことが「アクティブ・ラーニング」の基本である。

　こう見てくると，「アクティブ・ラーニング」は特に目新しい概念ではないということが分かる。すぐれた教師は誰でも子どもの問いから立ち上がる学び合いを大切にしてきたはずである。

　先にも述べた通り，「これがアクティブ・ラーニングだ」「アクティブ・ラーニングはかくあるべし」といった唯一絶対のモデルがあるわけではない。

一つのモデルを作成すると，必ずそれを模倣するという授業の定型化・形骸化が起こり，「アクティブ・ラーニング」の本質からどんどん離れていくという皮肉な結果になるだろう[2]。

頭の中がアクティブな状態であること

　ここまでに，「アクティブ・ラーニング」は何ら特別なものではないこと，子どもたちの問いから立ち上がるものであるということを述べてきた。

　「アクティブ・ラーニング」について考える上で，さらに注目したいことは，先の中教審の「用語集」にも例示されていた「グループ・ディスカッション」「ディベート」「グループ・ワーク」といった外面的な活動が強調されるあまり，それ自体が自己目的化するという問題（いわゆる活動主義）が生じやすいということである。子どもたちが話し合いをしても議論が噛み合わない，深まらないという事態がしばしば見られるからである。

　松下佳代氏は，「ディープ・アクティブラーニング」を主張する立場から，これまでの「アクティブラーニング型授業」の課題について，次のように指摘している

　　アクティブラーニングでは，内化ばかりの講義を批判するあまり，内化がおざなりになりがちである。（中略）これに対し，ディープ・アクティブラーニングでは，内化と外化をどう組み合わせるかが課題となる。
（松下佳代・京都大学高等教育研究開発推進センター編『ディープ・アクティブラーニング〜大学授業を深化させるために〜』2015年，勁草書房，9頁）

　　（バークレーは）アクティブラーニングを「頭（mind）がアクティブに関与しているということ」（p.75）と定義している。深い学習（学習への深いアプローチ）や深い理解では隠れたテーマであった動機づけが，ここでは主題化されていることに注目しよう。（中略）もう一つ注目されることは，アクティブラーニングを身体的に活発な学習（hands-on）よりもむしろ知的に活発な学習（minds-on）と捉えている点である。（同書，18頁）

こうして松下氏は，「外的活動における能動性」だけでなく，「内的活動における能動性」を重視すべきだと主張する。私も全く同感である。そして，そのためには必要な知識を教えるという「内化」に関わる働きかけも必要になる。子どもたちがいつも自分の既有知識・経験と友達との協働・交流だけで問題を解決していくということは不可能だからである。

　これまでの授業づくりや授業研究においても，松下氏が言うような「深い理解」「深い学習」「深い関与」をめざすということは自明の理であった。どの教師もそれを授業の目標としているはずである。先に，「アクティブ・ラーニング」は特に新しいものではないということを述べたが，ここでもまた同じことが言える。

　「アクティブ・ラーニング」のポイントは，活動がアクティブであるということよりも，学習者一人一人の頭の中（思考）がアクティブであるということなのである。

「アクティブ・ラーニング」の留意点

　最後に，「アクティブ・ラーニング」について考えるときの留意点を六点にわたって述べておく。

①「アクティブ・ラーニング」は授業の基本である。

②「アクティブ・ラーニング」という新しい言葉に振り回される必要はない。「アクティブ・ラーニング」は何ら特別なもの，新奇なものではない。

③ふだんの授業の質を高めること，子どもの学びの質を高めることが「アクティブ・ラーニング」の要諦である。単に学習形態や学習活動がアクティブであるということではなく，子どもたちの内面的な思考活動がアクティブであるということが大切である。

④そうした学びは学習材に対する子どもたちの問いから立ち上がる。

⑤そうした学びが深まるためには，問題解決を子ども任せにするのではな

く，教師の学習材に関する深い知識や授業に関する実践的見識に基づく指導・支援が必要になる。そこには問題解決に必要な基礎的な知識・技能を教えるということも含まれる。

⑥「アクティブ・ラーニング」が目的ではなく，それによる思考や認識の深まりこそが目的である。

〔注〕

⑴　ここであげた授業事例は，第45回日本教育方法学会の課題研究（2009年9月26日，香川大学）における豊田ひさき氏の実践報告をもとに私が再構成したものである。

⑵　2015年8月20日の中央教育審議会教育課程企画特別部会の論点整理（案）の中でも，「アクティブ・ラーニング」の推進にあたって，「指導法を一定の型にはめ」るような事態に陥らないように注意を喚起している。

第4章

「見方・考え方」を働かせることによる「深い学び」
―西郷竹彦氏の「気のいい火山弾」の授業を中心に―

　教育課程の改訂をめぐる中央教育審議会での審議の中で，「アクティブ・ラーニング」が「主体的・対話的で深い学び」と再定義されて，新学習指導要領の実施に向けて，表面的な活動にとどまらない「深い学び（deep learning）」のあり方が問われている。

　本章では，中教審答申「幼稚園，小学校，中学校，高等学校及び特別支援学校の学習指導要領等の改善及び必要な方策等について」（2016年12月21日）において論及されている「深い学び」にひとまず依拠しながら，そのあり方を考えてみることにしたい。その際，先行実践として，教科横断的に行われた西郷竹彦氏の「気のいい火山弾」（宮沢賢治）の授業を取り上げて，その特質と意義について検討する。これを通して，いかなる「見方・考え方」をいかに働かせることが「深い学び」の実現に必要であるかを具体的に明らかにしていきたい。

1　「見方・考え方」と「深い学び」

　先の中教審答申における「『主体的・対話的で深い学び』とは何か」の説明を見ると，「深い学び」について次のように書かれている。

　　習得・活用・探究という学びの過程の中で，各教科等の特質に応じた「見方・考え方」を働かせながら，知識を相互に関連付けてより深く理解したり，情報を精査して考えを形成したり，問題を見いだして解決策を考えたり，思いや考えを基に創造したりすることに向かう「深い学び」が実現できているか。
　　　　　　　　　　　　　　　　　　　　　　　　　　　　　　（50頁）

　また，「『深い学び』と『見方・考え方』」の説明を見ると，次のように書

かれている。

○「アクティブ・ラーニング」の視点については，深まりを欠くと表面的な活動に陥ってしまうといった失敗事例も報告されており，「深い学び」の視点は極めて重要である。学びの「深まり」の鍵となるものとして，全ての教科等で整理されているのが（中略）各教科等の特質に応じた「見方・考え方」である。今後の授業改善等においては，この「見方・考え方」が極めて重要になってくると考えられる。

○「見方・考え方」は，新しい知識・技能を既に持っている知識・技能と結び付けながら社会の中で生きて働くものとして習得したり，思考力・判断力・表現力を豊かなものとしたり，社会や世界にどのように関わるかの視座を形成したりするために重要なものである。既に身に付けた資質・能力の三つの柱によって支えられた「見方・考え方」が，習得・活用・探究という学びの過程の中で働くことを通じて，資質・能力がさらに伸ばされたり，新たな資質・能力が育まれたりし，それによって「見方・考え方」が更に豊かなものになる，という相互の関係にある。(52頁)

　ここには，「深い学び」の実現のためには，その一つの方法として「各教科等の特質に応じた『見方・考え方』を働かせ」ることが必要であること，それから，「見方・考え方」は「育てるべき資質・能力」の三つの柱（生きて働く「知識・技能」，未知の状況にも対応できる「思考力・判断力・表現力等」，学びを人生や社会に生かそうとする「学びに向かう力・人間性等」）を育成するためにも重要であると述べられている。

　こうして，新学習指導要領には各教科ごとに教科固有の「見方・考え方」が明示されるようになったのである。ちなみに，『小学校学習指導要領解説・総則編』では，次のように説明されている。

　各教科等の「見方・考え方」は，「どのような視点で物事を捉え，どの

ような考え方で思考していくのか」というその教科等ならではの物事を捉える視点や考え方である。各教科等を学ぶ本質的な意義の中核をなすものであり，教科等の学習と社会をつなぐものである（以下略）。　　（4頁）

　今回の中教審答申と学習指導要領は，「育てるべき資質・能力」を三つの柱として，コンテンツ・ベースの教育からコンピテンシー・ベースの教育への転換を図ったものであるが，従来の各教科を軽視するということではなく，教科固有の「見方・考え方」を明示している。つまり，子どもたちが「その教科等ならではの物事を捉える視点や考え方」を働かせながら，「資質・能力」の育成をめざそうとしているのである。

　ここで「見方・考え方」が「その教科等ならでは」のものに限定されていることに注目したい。確かに，科学的な見方・考え方，数学的な見方・考え方というのは学問パラダイムに応じた形で存在しているし，それが各教科のコンテンツ（教科内容）の「深い学び」にとって必要になるということも理解できる。

　しかし，今回の答申は，一方では，教科横断的な「コンピテンシー・ベース」の教育を推進しようとしているのだから，そうした教科横断的な「ものの見方・考え方」，言い換えると，一般的・汎用的な認識方法についても言及しないと不十分だろう[1]。比較，仮定，条件，類推など，どの教科にも通用する「見方・考え方」は存在する。そして，その教育は国語科が中核となるべきだろう。言葉を通した思考や認識という点で，国語はすべての教科の基礎になるからである。

　こうして，国語科で学んだ基本的な「見方・考え方」が他の教科でも使うことができるという点，各教科でそれを繰り返し使うことによって「見方・考え方」が確実に身についていくという点を忘れてはならないだろう。

　本章では，こうした問題意識から，国語科に焦点を当てて，国語科で育てるべき「見方・考え方」と「深い学び」の関係について考察する。

　第1章の3でも述べたように，国語科の場合，「教科等ならではの見方・

考え方」が非常に捉えにくい。私はかつて記号論的な観点から，その問題に論及したことがある。言語を「日常言語」と「文学言語」に分けて，それぞれの「見方・考え方」（前者は論理的な認識，後者は文学的な認識）の特徴を解明していくことがこの問題に対する一つのアプローチと言える（本書25頁を参照）。

　いずれにしても，国語科の場合，いかなる「見方・考え方」をいかに育てるかということがはっきりしていない。また，先に述べたように，教科横断的なコンピテンシーとしての「思考力・判断力・表現力」として，いかなる「見方・考え方」を育てるのかということもはっきりしない。さらに，「見方・考え方」を働かせることと「深い学び」との関係もはっきりしていない。

　そこで，そうした問題を解明するための手がかりとして，「国語科でものの見方・考え方を育てる」という目標を掲げた先駆的な試みとして，西郷竹彦（文芸教育研究協議会）の理論と実践について検討してみることにしたい。

2　「見方・考え方」を育てる授業

　我が国において，教科横断的に認識能力を育てるという数少ない研究・実践として，文芸教育研究協議会（文芸研）の「教育的認識論」に基づく取り組みがある。理論的指導者である西郷竹彦氏は，「ものの見方・考え方・表し方」を教えるという立場から，小学校では「観点」「比較（類比・対比）」「順序，展開，過程，変化，発展」「理由・原因・根拠」「類別」「条件・仮定」「構造，関係，機能，還元」「選択・変換」「仮説・模式」「関連，相関，類推」，中学校・高校では「多面的・全一的・体系的」認識，「論理的・実証的・蓋然的」認識，「独創的・主体的・典型的」認識，「象徴的・虚構的・弁証的」認識という関連・系統指導案を示してきた（西郷竹彦『〈文芸研〉国語教育事典』，1989年，明治図書）。

　実際に，こうした見方・考え方が，各学年（小学校低学年～中学校）の間の縦のつながり，各指導領域（言語・文法的事項，説明文，文学作品，作

文）の間の横のつながりを意識して指導されている。いわゆる「関連・系統指導」である。もちろん国語科だけでなく，他教科（理科）や総合的学習とも関連づけて指導されている。

　例えば，『西郷竹彦授業記録集③「気のいい火山弾」全記録』（1987年，明治図書）は，国語科と理科の関連指導の試みである。自然を「循環系」と捉えて，「相関的・関連的な見方・考え方」に気づかせること，「変化・発展」を自然界の本質であると捉え，そうした科学的な「ものの見方・考え方」を「気のいい火山弾」（宮沢賢治）の作品世界，人物像を通して学んでいくことが主なねらいとなっている（詳しくは後述）。「変化・発展するイメージ」は，「やまなし」（宮沢賢治）など多くの文学作品の授業でも基本的な「ものの見方・考え方」となる。

　子どもたちはこうした「ものの見方・考え方」を学び，それを武器にして教材（テキスト）を分析することによって「認識・表現の力」を身につけていくことがめざされている。西郷氏が，かつての学習指導要領で使われていた「理解と表現」ではなく，「認識と表現」と言っていることから分かるように，従来の「教材を教える」「教材をまるごと分からせる」という読解指導を超えて，教材で「認識・表現の方法」を教えるという点に大きな特徴がある。

　西郷氏は，従来の読解指導，すなわち場面ごとに「ようす」「きもち」「わけ」を考えさせていくような「しらみつぶし」の授業を批判した。「何が書かれているか」を理解するレベルを超えて，その教材で子どもの「ものの見方・考え方」（ひいては「人間観・世界観」）を育てることをめざしている。この考え方に立つと，教材研究では，「この教材でどんな認識・表現の方法を教えるか」「この教材でどんな力を育てるか」という観点からテキストを分析することになる。

　もちろん「認識・表現の方法」を教えることだけが授業の目的ではない。「教材で教える」ことが結果的に「教材を教える」こと，「教材をより本質的にわからせる」ことにつながっていくべきであり，またそれは実践的に可能

であると考えられている。つまり，「認識方法」をふまえて作品を分析することによって，最終的に「認識の内容」を獲得させることが授業の目標になるのである。「認識の内容」とは，文学作品が持つ「思想」的部分（人間の真実や人間の本質，ものの本質，価値，人間にとっての意味）などにあたる。

　例えば，小学校1年の「おおきなかぶ」（ロシア民話）では，登場人物（おじいさん・おばあさん・まご・いぬ・ねこ・ねずみ）が「かぶ」を抜くために力を合わせるという行為が反復表現されていることに着目して，「連帯として生きる」という「人間の本質」を認識させることになる（西郷竹彦「文芸教材の関連・系統指導がなぜ必要か」『教育科学国語教育』№313, 1983年）。つまり，「反復」という「認識の方法」とそれによって導かれる「認識の内容」を「わからせる」ことによって，「人間や世界を認識する力」ひいては「人間観・世界観」を育てようとするのである（西郷前掲書, 1989年）。

　こうして，国語科の授業（文学の授業）が，国語科の枠を超えて教科横断的な内容を含むことになる。私は，これを，国語科という教科固有の知識・技術としての〈教科内容〉よりも，教科を超えた広範な内容を含む〈教育内容〉という概念で捉えてきた。これまでのコンテンツ・ベースの教育は〈教科内容〉の次元にとどまっていたが，コンピテンシー・ベースの教育はそれを越境して，まさに〈教育内容〉を問い直すということを意味するのである。（なお，〈教材内容〉〈教科内容〉〈教育内容〉の区別については，鶴田清司『〈解釈〉と〈分析〉の統合をめざす文学教育〜新しい解釈学理論を手がかりに〜』2010年，学文社，444〜454頁，鶴田清司・河野順子編著『論理的思考力・表現力を育てる言語活動のデザイン 小学校編・中学校編』2014年，明治図書，5〜6頁も参照されたい。）

　なお，西郷氏の教育的認識論の中核にあるのは弁証法的な見方・考え方である。例えば，西郷文芸学の主要概念である「形象の相関関係（イメージの筋）」とは「内的な矛盾」に基づく場面の展開の中で変化・発展するものであるという考え方，「人物の性格」は「つねに矛盾をはらんでダイナミックに動いているもの」で「一面的・固定的」に捉えてはならないという考え方，

「作品の思想」も「さまざまな人物の思いのドラマチックなぶつかりあい，あらがいあいによってつくりだされたもの」で「その内容に矛盾をはらんでいる」といった西郷氏の説明にそうした考え方が表れている（『西郷竹彦文芸・教育全集25　文芸の授業入門』1997年，恒文社，379頁，405〜408頁）。

　文芸研の中心的な実践課題となっている「文芸の美」に関しても，「異質な矛盾するものを止揚統合する弁証法的構造を体験認識すること」という「美」の定義のもとで，先進的な授業が繰り広げられている（西郷竹彦「文芸における美」『文芸教育』№56，1991年，7頁）。

　もちろん，いかなる場合でも，授業にあたって文学的価値の高い作品が教材化されることは大前提である。しかし，実際の授業づくりでは，「認識の方法」の系統案（観点・比較・順序・理由・類別・条件・仮定・構造・関係・選択・変換・仮説・模式・関連・相関など）に基づく各学年段階での学習課題が優先されることになる。これによって授業のねらいが明確になると同時に，こうした「認識の方法」を切り口にして，作品の持ち味や特質を生かす形で作品の思想（認識の内容）にも迫っていくのである。このように，学習課題（めあて）が焦点化されることで，授業にも自然と「めりはり」がついてくると西郷氏は述べている。

　こうした「教育的認識論」に基づく西郷氏の教育論は気宇壮大なものである。いくつかの実践的な課題はあるものの，これからの教科横断的なコンピテンシー・ベースの教育を推進していく上で大いに参考とすべきである。

3　「気のいい火山弾」（宮沢賢治）の授業

授業の概要

　「気のいい火山弾」の実験授業（国語8時間，理科2時間）は，1986年2月18日〜21日に滋賀県の甲良東小学校6年生を対象に行われた。先に述べたように，この授業は国語科と理科の関連指導の画期的な試みであった。自然を「循環系」と捉えて，「相関的な見方・考え方」を教えること，「変化・発

展」を自然界の本質であると捉え，そうした科学的な見方・考え方を仏教的な見方・考え方（因縁の理法，諸行無常），さらに文芸的な見方・考え方（イメージの変化・発展）と結びつけて教えることがねらいである（西郷前掲書，1987年）。

　一日目（国語の第1時・第2時）は，主に「この世界はどんな世界か」という学習課題が設定されている。〈教材内容〉のレベル（教材をまるごと分からせる読解指導のレベル）では，「稜のある石ども」が「稜がなくて，ちょうど卵の両はじを，少し平たくのばしたような形」をした「ベゴ石」をからかったり馬鹿にしたりしていることを確認している。次に，〈教科内容〉のレベル（教材で文芸学の概念や用語を学ぶレベル）では，話者の態度（語り口）が学習課題となり，話者が「稜のある石ども」を軽蔑していることを確認している。さらに，〈教育内容〉のレベル（教科を超えた教育的認識論のレベル）では，この物語の舞台となる死火山の裾野に霧がかかったり晴れたりしたこと，何遍も雪が降ったり草が生えたりしたこと，となりの柏が「ベゴ石」の五倍ほども背が高くなったことから，この作品世界が「変化・発展」する世界であることを押さえている。そして，文芸の世界だけでなく，科学の世界と関連づけて，地球上の生物がだんだん変化（進化）してきたこと，それが「科学の考え方」であること，さらに仏教の世界では「諸行無常」，ギリシャ哲学では「万物流転」という考え方をすることが説明されている。

　二日目は，まず理科の授業の第1時から始まった。自然界の相関関係（もちつもたれつという関係）の事例として，動物の呼吸と植物の光合成を取り上げて，それぞれが生きていくのに必要な酸素と二酸化炭素を出して助け合っているということに気づかせている。

　次時は，国語の授業（第3時）で，「ベゴ石」と「稜のある石ども」の言動を対比するという学習課題（めあて）に取り組んでいる。子どもたちは，気のいいベゴ石がどんなにからかわれても笑われても，けっして怒らずに「ありがとう」と答えている姿を読み取っている。ここで西郷氏は，子ども

たちの第一次感想にあった疑問をもとに，どうして「ベゴ石」は怒らずにこんなことを言っているのかを考えさせている。何人かの子どもが，西郷氏の意に反して，「自分のことを心配してくれているからだ」と答えている。

　第4時は，前時に続いて，みんなと違って一人だけまるい形をしている「ベゴ石」が「稜のある石ども」から馬鹿にされているのにどうして怒らないのかという問題を追究している。西郷氏は「もし～ならば」（仮定）という考え方を示して，「ベゴ石」が「①自分だけちがうのははずかしい」と思っていたらどうなのか，「②自分は自分，みんなとちがってもかまわない」と思っていたらどうなのかと助言をしている。②を支持する意見が出されたのを受けて西郷氏は，賢治の仏教的世界観に触れて，「ベゴ石」も「人間はみんな平等だ」「自分は自分」「自分には自分のよさがあり，人には人のよさがある」というものの見方・考え方をしているのだと説明している。

　次に，霧が晴れた後の「ベゴ石」と「稜のある石ども」の言動や態度を対比させて，ベゴ石は「雨の日は雨の日でいい，晴れの日は晴れの日でいい」という見方・考え方（日々是好日という仏教的世界観）をしているのに対して，「稜のある石ども」は「雨の日も晴れの日もいや（雨の日は退屈する，晴れの日は雨のお酒や雪の団子のことを考える）」という見方・考え方（愚痴という仏教的世界観）をしている（これを「対の人物」という）と説明している。

　三日目は，理科の授業の第2時と国語の授業の第5・6時である。

　理科の授業では，地球と違って，月に岩石はあっても土がないのはなぜだろうか，空気や水がないことと関係があるのではないかという問題を考えさせている。その際，仮説を立てるという考え方（認識の方法），自分の知識と関連づけるという考え方（認識の方法）を使うように助言している。その前に，まず気温の変化（一年，一日）が地球と太陽の関係によって引き起こされていることを確認している。次に，温度と物の体積の関係（温度が高くなると体積は増える）を確認している。こうして最初の問題にもどり，岩石が日光に当たり温められたり冷えたりすることによって表面にひび割れがで

き，そこに水が浸み込んで凍って砕け，表面にわずかに土ができ，そこに苔が生え，根を伸ばすことによってますます砕けて土になっていくこと（風化のメカニズム）を確認している。そして，さらに風化が進み，土が増えると，「気のいい火山弾」のように，「おみなえし」のような草花，さらに「かしわ」のような木が育ってくることを説明している。

　国語の第5時は，「ベゴ石」と「かしわ」のやりとりの場面を扱っている。人物のせりふから，「かしわ」が長い年月をかけて大きく成長していったことを確認した後で，「かしわ」はなぜ「うぬぼれて」いるのかを考えさせている。ある子どもが「かしわの小さい芽が出たとき，もしベゴ石がなかったら，風に吹き飛ばされていたかもしれないのに，お世話になったことも分かっていないから，うぬぼれている」と答えている。それを受けて西郷氏は，前時で学んだ発芽や成長の条件と結びつけて，「ベゴ石」と「かしわ」の相関的・互恵的な関係に気づかせている。そして，「かしわ」も「おみなえし」も種（仏教で言う「因」）から発芽して成長できたのは，こうした自然（日光，空気，水，土）の条件（仏教で言う「縁」）や「ベゴ石」が隣にいたという条件があったからだとまとめている。

　国語の第6時は，「ベゴ石」と「おみなえし」の会話，「黄金のかんむり」「見ばえがしませんね」などの言葉を根拠にして，「おみなえし」は自慢している，見下しているのに対して，「ベゴ石」は自分は自分だと考え，全然気にしていない様子を読み取らせている。次に，「ベゴ石」に「こけ」が生えてきたことから，前時に学んだ風化が進んでいることを確認している。そして，冬がやってくることを嫌がる「おみなえし」と対比する形で，「ベゴ石」が冬を何とも思っていない，冬もいい，雪もいいという「ものの見方・考え方」をしている人物であること，風化が進むためには夏の暑さと冬の寒さが繰り返されることが必要であることを確認している。

　四日目は，国語の第7時と第8時の授業が行われた。

　第7時は，最初に「ベゴ石」と「蚊」のやりとりの場面を扱っている。「蚊」が「ベゴ石のごときは，何のやくにもたたない」と言ったことに対し

て，西郷氏は「何の役にもたたないかな？」と問いかけて，「かしわ」や「こけ」の成長のために役立っていることを確認している。その際，子どもたちから「もしベゴ石がなかったら〜」という仮定法による発言があり，西郷氏は高く評価している。さらに，「蚊自身は，なんかの役にたっているんだろうか？」という発問に対して，大多数の子どもが「役にたっていない」と答えたことを受けて，「蚊」も含めて，すべてのものが役立っているということ，それが作者の思想であることを説明している。ここでは，子どもたちも実は「蚊」と同じ「見方・考え方」をしていたことが露わになったため，西郷氏は子どもたちに自分の「見方・考え方」を否定させたことになる。単なる読解指導を超えて，子どもたちに「認識・表現の力」を育てるという授業のねらいとそのための手だてとなっている。

　第7時の後半は，「こけ」が「ベゴ石」をからかう歌を歌う場面を扱っている。先の「風化」の学習と関連づけて，「千年たっても黒助／万年たっても黒助」という「こけ」の考え方（世界は変化しない）が正しくないこと，むしろ「ベゴ石」が変化（風化）するおかげで「こけ」は生きられるのだということを確認している。

　第8時は，まず「ベゴ石」の歌の意味を考えることから始まっている。

　　　お空。お空。お空のちちは，
　　　つめたい雨の　ザァザザザ，
　　　かしわのしずくトンテントン，
　　　まっしろ霧のポッシャントン。
　　　お空。お空。お空のひかり，
　　　おてんとさまは，カンカンカン，
　　　月のあかりは，ツンツンツン，
　　　星のひかりの，ピッカリコ。

　西郷氏は一行ずつ意味を確認しながら，この世界がたえず変化していること，日光や雨や温度変化などが岩石の風化を促し，植物や動物を育て，互恵的な世界を成り立たせていることに気づかせている。最終的には，子どもの

「ひと続きの世界」といった発言も取り込みながら，「もちつもたれつ」「むだなものはない」「すべて変わる」と板書している。

　そして，いよいよ物語の最後の場面。「稜のある石ども」から笑われていた「ベゴ石」が「実にいい標本」「火山弾の典型」として研究室に運ばれていく。ここで西郷氏は，先の「ベゴ石」の歌は作者が言いたかったことなのだと述べて，「自分のできることをする」ことで人の役に立っているとまとめている。最後に，登場人物の中から一人を取り上げて，「○○の考え方と私」という形で感想を書くように指示して終わっている。

　以上が，全10時間（国語８時間，理科２時間）の授業の概要である。

授業の考察

　授業の全記録を読んで，国語科と理科の関連指導によって「認識の方法」「ものの見方・考え方」を育てるという西郷氏の基本的なねらいは理解できた。また，そのねらいに沿って授業が周到に計画・展開されていることも分かった。あくまでも飛び入りによる「実験授業」であるから，さまざまな限界があるのは当然である。子どもたち相互の話し合いもよく取り入れているが，全体的に西郷氏による解説・説明が多くなっているのは仕方ないだろう。個々の場面における指導・支援のあり方や子どもの学びのあり方を詳しく検討することは差し控えるが，概ね授業のねらいに沿って，本教材にふさわしい学習活動が行われたと判断することができる。

　理科との関連指導についても，光合成（植物）と呼吸（動物）に始まる自然界の「もちつもたれつ」という相関的・互恵的な関係，風化のメカニズムなどについての学習は，本教材を読み深める上でも重要な役割を果たしている。

　例えば，第７時において，西郷氏は次のようにこれまでの学びを振り返らせている。

　西郷　〈蚊〉の考え方。それに対してみんなの考え方。みんなの考え方は，

どうしてこんな考え方ができたんだろうな？

陽子　もしも〈ベゴ石〉がなかったらという考え方をしたから。

西郷　うん，もしもっていう考え方をしたね。それからさっき，風化ということも考えたね。風化して〈ベゴ石〉の表面が土になったから〈こけ〉がはえられた。そういうことは，どこで学んだかな？（略）

太　　理科。

西郷　そうそう，理科だね。この物語の中には書いてないね。あの理科で勉強したあとをここで使って考えてみたんだな。
　　　　　　　　　　　　　　　　　　　　　　　　　　　　　（240頁）

　この実験授業の特徴がよく表れているやりとりである。つまり，①「認識の方法」の活用を促し，その有効性を自覚させること，②理科で学んだ知識・技能の活用を促し，その有効性を自覚させることが積極的に行われているのである。

　筆者がかつて指摘したように，特定の「認識の方法」を〈教育内容〉として設定すると，教材との適合性が問題になるケースがある[2]。「教育的認識論」や「西郷文芸学」の枠組（分析コード）を作品に強引にあてはめることによって，作品世界にふさわしい理解や鑑賞が阻害されるという問題である。例えば，文芸研の「手ぶくろを買いに」（新美南吉）の授業ではそうした傾向が見られた。「子ぎつね」と「母ぎつね」の人間に対する認識が間違っている（一回的・一面的な認識を一般化している）ことを分からせるという授業である（鶴田前掲書，2010年，282～292頁）。

　本教材に関しては特に大きな問題はないが，やや疑問を感じる点もある。授業検討会で足立悦男氏が何度か指摘しているように，「ベゴ石」と「稜のある石ども」の人物像を単純化しすぎているところがある[3]。また，両者の人物像を仏教的に解釈しすぎている面も見られる（例えば，第４時における「日々是好日」「愚痴」という解釈など）。「対比」と「仏教的世界観」という分析コードが強く作用しすぎて，テキストをテキストとして読むという態度が弱まったのかもしれない。

124

しかし，全体的に見ると，「気のいい火山弾」の作品世界との西郷氏の解釈との間に不整合（ズレ）は感じられなかった。むしろ本作品は，自然界の「変化・発展」や「相関的な関係」を認識するために，さらにはそうした点に着目してものごとを認識する力を育てるために好適な教材であったと見ることができる。

　また，こうした「認識の方法」によって，「認識の内容」の次元で作品のより本質的な理解がもたらされたと言えるだろう。実際に授業を受けた子どもたち全員の感想文を読むと，授業の前よりも認識が深まっていることが分かる。

　子どもたちの感想文の中からいくつか紹介したい（一部略，改行も略）。

　私がベゴ石だったら，自分は自分で，いいじゃないかということは，少しはわかったとしても，やっぱり，稜のある石やこけ，蚊，かしわの木にバカにされると，おこってしまうし，がまんできません。そして，稜のある石でも，ベゴ石が何も，いわれてもおこらないから，やっぱり私も，ベゴ石をからかったり，馬鹿にしたと思います。こけでも，少しはベゴ石のありがたさがわかっても，やっぱり，馬鹿にしたりしたし，からかったと思います。けれど，今はちがいます。西郷先生に教えてもらったからです。だれも一人では，どうしようもないということを。ベゴ石は，かしわの木がいるから，夏でも，すずしくいられるということがわかりました。みんな，相手がいるから，やっていけるのです。私たちもそうです。植物がいるからこそ，生きていられるのです。だから，これからも，そういうことをわすれずに，いきたいです。（愛）

　この児童は，「もし私が～だったら」というように，登場人物の言動を自分に置き換えて考えている。そして，それに加えて，授業中に西郷氏が「相関的な見方・考え方」の説明に用いた「もちつもたれつ」という言葉をそのまま生硬な形で使うのではなく，「だれも一人では，どうしようもない」「み

んな，相手がいるから，やっていけるのです」というように自分の言葉で語っている点がよい。

　勉強しているうちに，私は，「気のいい火山弾」と理科の勉強とが，深くつながりがあることがわかりました。宮沢賢治が，この作品で言いたかったことは「世の中にむだなものはない。そして，ひとつづきになっている。世の中は，すべて変化している。この世の中は，もちつもたれつの世界である」ということです。私たちは，みんな，関係しあって生きているのです。この話には，ベゴ石と，稜石，かしわの木，おみなえし，か，こけ，が出てきました。正しい考え方ができているのはベゴ石だけです。私は，ベゴ石のようなところは，少しあると思うけど，ほとんど，稜石やかしわのようなところがあると思います。私とちがうところがある子をばかにしたこともあります。それに，かしわのように，私は，おかあさんに，「お母さんと同じ身長になったで」と言って，とくいになりました。その時私は，「お父さんやお母さんのおかげで……」と思いませんでした。私は，雨がふると，「たいくつやなあ。はようはれへんかなあ」と思っています。冬になると「さむいでかなん」と言います。でも，雨がふるから，作物が育って，私たちは食べていけるのです。この話を勉強して，一番印象に残っているのは「みんな一つづきになっている。この世の中は，もちつもたれつの世の中だ」ということです。ぜーんぶつながっているから，一つ，ぷつんと切れてしまえば，あとがつづかなくなってしまいます。私たちは，もちつもたれつの世界に生きています。だから，自分一人だけでは生きていけないのです。お父さんやお母さん，友達，先生，いろんな人たちがいるから生きていけるのです。そのもとになったのは，火山弾のような，岩石や岩なのです。それに，太陽の光がさしたり，急にひえたりしたからです。このようなことをうたっているのが，ベゴ石がつくったうたです。私は，このうたを，ずーっと忘れないようにしたいです。（陽子）

この感想文は全26人中で最も長い文章である。西郷氏の考え方を取り入れて書いているが，表面的な理解にとどまっていない。自分の生活経験と結びつけて，登場人物の言動を〈わがこと〉として理解している。これは「典型をめざすよみ」と言われ，「文芸研方式」という授業過程の最終的な段階（「まとめよみ」の段階）に位置づけられている。つまり，登場人物を私たち人間の典型（自分との重なり）として捉えて，自分の生き方を考えるということである。自分の問題として考えながら，テキストと対話して，読みを深めるという点で，まさに「主体的・対話的で深い学び」と言えるだろう。

　　４日間西郷先生に習って色々なことを教えてもらいました。わからないところもあったけどわかった時はとってもうれしかったです。西郷先生が言ったことを聞いて私は西郷先生ってものを深く考える人だな〜，と思いました。私はあまり物を深く考える方じゃないので西郷先生の授業はとってもためになりました。１日目に西郷先生におしえてもらった２時間はわけがわからなかったせいかとってもつまらなかったけど２日，３日，４日と勉強しているとだんだんわかってきて時間が少し短くなったような気がしました。私はこの４日間の中で一度も発表しませんでした。だから私はわからないと思ってるかもしれないけど４日目の授業の最後の問題ちょっとわかってた。先生４日間授業ありがとう。（志穂）

　この児童は「学力」的にはそれほど高くはない子どもであろう。第１時から「わけがわからなかった」と率直に語っている。特に初日の授業は西郷氏による解説や説明が多く，〈教育内容〉を教えようとする立場の授業の問題として，概念や思想の教え込みにならず，子どもの知的好奇心や追究心を喚起するような教材選択や授業展開をいかに仕組んでいくかという「子どもとの整合性」は依然として文芸研の授業の大きな課題である[2]。

　ただし，この児童は，授業中一回も発表しなくても，「だんだんわかってきて時間が少し短くなったような気がしました」という感想を書いている。

学びに集中し，頭をフル回転させていた証であろう。この児童がどんな認識を獲得したのかは不明であるため，「ディープ・アクティブ・ラーニング」が成立しているかどうかははっきりしない。しかし，「深い学び」のためには，「外化」だけでなく「内化」も大きな役割を果たすということがこの感想文からもよく分かる（松下佳代・京都大学高等教育研究開発推進センター『ディープ・アクティブラーニング～大学授業を深化させるために～』2015年，勁草書房）。

　また，筆者自身もこの授業記録を読んで，「気のいい火山弾」の作品世界がより新しい意味を持つものとして立ち現れてきたと感じた。特に「ベゴ石」が歌った歌の意味は象徴的である。最初はその意味がよく理解できなかったのだが，実はそれは，変化・発展する自然界の本質を捉えたものだったのである。つまり，西郷氏が主張するように，「教材で教える」ことが結果的に「教材を教える」「教材をより本質的にわからせる」ことになったと考えられる。まさにこれが「深い学び」と言うことができる。

4　「気のいい火山弾」の授業の意義

　本実践は，「ものの見方・考え方」（認識の方法）を働かせることによって，「深い学び」を生み出していくような授業づくり，さらに今後のコンピテンシー・ベースの授業づくりにとって重要な示唆に富んでいる。

　まとめにあたって，二つのポイントを指摘しておきたい。

　第一に，教材選択の問題である。授業のデザインにあたって，この教材（テキスト）はどんな「見方・考え方」を育てるのに適しているかという観点を持つことが前提になるということである。「気のいい火山弾」（宮沢賢治）の場合は，文芸学的な概念・用語に基づく「文学的な見方・考え方」はもちろんだが，それだけでなく，「科学的な見方・考え方」「仏教的な見方・考え方」「哲学的な見方・考え方」として，「変化・発展」と「相関」を軸としつつ，「対比」「因果」「仮定」「仮説」「条件」「関連」などの認識方法が含

まれている。授業の中ではこれらが教科横断的な〈教育内容〉として設定されていた。もちろん教科固有の〈教科内容〉としても意識されていた（理科では実験・観察による「変化・発展」の認識，国語科では文芸体験としての「変化・発展するイメージ」の認識）。

第二に，「深い学び」としてのテキストの内容理解の問題である。いくら「見方・考え方」を育てると言っても，それを働かせることが作品のよりよい理解（さらに批評）を促さないとしたら意味がない。西郷氏は「教材で教える」ことが「教材を教える」「教材をわからせる」ことにもなると述べて，「認識の方法」と「認識の内容（思想）」が密接な関係にあることを指摘しているが，まさにその通りであろう。子どもの側から見ると，この「見方・考え方」を働かせたことによって，新たな発見や感動や深い学びができたと実感することが大切である。これは第一の問題と関わっていることは言うまでもない。教材選択や教材研究は，このテキストには「見方・考え方」を育てるためのどんな要素が含まれているかと考えることから始まるのである。その意味でも，「深い学び」のためには入念な教材研究が大前提であることが分かる。

「気のいい火山弾」の授業は，教科単位の「コンテンツ・ベース」の教育ではなく，教科横断的な「コンピテンシー・ベース」の教育の先駆的な実践と言える。そこで育てるべき力は「認識の力」であり，そのために，まずは「認識の方法」（ものの見方・考え方）を教えるということが実践的な課題となっている。もちろん教科固有の「認識の方法」があることも見据えつつ，国語科と理科の「関連・系統指導」のあり方を具体的に示している。我が国のみならず，国際的に「コンピテンシー・ベース」の教育が推進されている現在，非常に注目すべき実践である。

ただし，西郷竹彦氏の「教育的認識論」をベースとした「認識の力」はあくまでも西郷氏独自の人間観・教育観に基づくものであり，今叫ばれている「コンピテンシー」と安易に結びつけることはできない。学習指導要領における「生きる力」やPISA調査における「生きるための知識・技能」，さら

に「人間力」「社会人基礎力」「学士力」などと言われるように，「コンピテンシー」の概念は，産業界からの要請もあって，多分に21世紀の社会に必要な実用的な能力という意味で使われているからである。

　石井英真氏は，現在のコンピテンシー重視の背景に「大人社会での能力要求」があるとして，主に経済的側面から，「グローバル化」「知識経済（知識基盤社会）」「情報技術革新」が進行する中で必要となる「知識労働者」像，「経済競争を勝ち抜く人材」像があるとした上で，「市民生活」もっと言えば，「経済成長がもたらす社会問題や環境問題などに『自分ごと』として取り組む『地球市民』」という観点からも「資質・能力」を捉えるべきであると主張している（『今求められる学力と学びとは〜コンピテンシー・ベースのカリキュラムの光と影〜』2015年，日本標準，15〜19頁）。

　また水原克敏氏も，中教審及び奈須正裕氏のコンピテンシー論を批判して，「『21世紀型市民』の理念から見ると，『自己の存在との関係で知識体系の意味を問い，歴史・社会・自然とも関連』づける視点が欠落している」と述べている（「教育課程政策の原理的課題〜コンピテンシーと2017年学習指導要領改訂〜」『教育学研究』第84巻第4号，日本教育学会，2018年，25〜36頁）。

　今後，こうした「コンピテンシー」概念の根本的な検討と再構築が必要になってくるだろう。人間にとって真に必要な能力とは何なのかという問題について議論を深めていくべきである。西郷氏の「教育的認識論」は，そのための重要な手がかりになるだろう。

【注】

⑴　今回の中教審答申にあたって主導的な役割を果たした奈須正裕氏は，「教科等ならではの見方・考え方」とともに，「教科等を超えて有効な『見方・考え方』」（比較・分類・関連付けなど）の必要性を指摘し，各教科等で繰り返し使うことによって習熟が図られると述べている（奈須正裕『「資質・能力」と学びのメカニズム』2017年，東洋館出版社，137頁）。この点が最終答申さらに新学習指導要領には十分に反映されていないという問題である。

⑵　筆者はかつて，こうした〈教育内容〉を教えるという立場の授業実践を検討するための観点として「教材との整合性」と「子どもとの整合性」について指摘したことがある。その部

分を引用しておく。「次に問われるべきことは，『教材との整合性』である。授業は，ａの〈教材内容〉をふまえているかということである。例えば，この作品でこういう人間認識を育てたいというとき，テキストをねじまげて読んだり作品の雰囲気を壊したりしていないかということである。さらに，概念や思想の教え込みにならず，子どもの知的好奇心や追究心を喚起するような教材選択や授業展開をいかに仕組んでいくかという『子どもとの整合性』の問題もある」（鶴田前掲書，2010年，448頁）。ここで言う「子どもとの整合性」については，子どもの感想文の紹介のところで論及している。

(3) 足立悦男氏によると，「ベゴ石」は「稜のある石ども」にひどいことを言われても，そのたび「ありがとう」と答えるといった「不可解さ」があると述べている（西郷前掲書，1987年，142頁）。筆者も，霧が晴れたときに「ベゴ石」が「お日さまと青ぞらを見あげ」たり，「かしわの葉のひらめきをながめ」たりするからと言って「雨の日は雨の日でいい，晴れの日は晴れの日でいい」という見方・考え方をしていると言えるかどうかは微妙であると考えている。

第5章

困難を抱えた学習者の
〈わがこと〉としての学び

1 石井順治氏の授業で起こった出来事

　石井順治氏は，斎藤喜博氏の流れを汲む研究会で学びながら，授業者としての力量を高めてきた。石井氏は現職のとき，「コマ」（坪田譲治）の授業（6年生）で次のような体験をする（『学級づくりと国語科授業の改善　小学校高学年』1986年，明治図書，126〜139頁）。

　そのクラスには，転校してきて両親と離れて暮らしているMという男児がいる。Mは，授業の後で，次のような感想文（抜粋）を書いてきた。

> 　コマっていい物だけど，ねずみや小野は，いい人，動物だ！　小野はいい人でも，正太が死になると，ないたと思った。ぼくは，きのう，前の学校の写真をやぶった。それは，なぜか。今日勉強して，小野はねずみに，麻緒を切ったで，ぼくは，自分でやぶって，自分の手に，S君が入ったと思うからだ。
> 　　　　　　　　　　　　　　　（個人名はイニシャル化，下線は鶴田）

　「コマ」は，コマ回しが得意だった正太という子どもを亡くした小野夫婦の話である。ある日，小野は，箱に入れて大切にしまっておいた正太のコマの麻緒がねずみに噛み切られていたことを発見して，正太にすまないという気持ちで黯然とする。が，箱の中にいた小さなねずみの子には手荒なこともできず，そのままにしておく。まもなくして小野は正太の弟にそのコマを譲り渡す……という短編物語である。

　授業では，小野夫婦があれほど大切にしまっておいたコマを今度はどうしてしまわなかったのか（なぜ弟に回させたのか）をめぐって話し合いが行われた。その結果，学級全員が「回っているコマにこそ正太の生命がある」と考えるようになった。Mはずっと友達の意見を聞いているだけだったという。

そんな彼が，先のような感想文を書いたのである。

　石井氏はこれを読んで「大きな衝撃」を受ける。数日前の作文にこう書いてきたばかりだったからである。

　　ぼくのつくえの上には，K小の友だちの写真がある。とくにすきな友だちは，S君です。学校に来ると，毎日雲を見ます。S君も見てる雲と思って見ます。5年生のとき，転校してきて，ぼくはなきたかった。写真を見ると，Sやんらを思い出す。早く帰りたい。(個人名，学校名はイニシャル化)

　それほど大事にしていたS君の写真を破って，「自分の手に，S君が入った」と書いたということは，Mにとってどのような意味を持っているのだろうか。

　石井氏によれば，Mは，ネズミに麻緒を噛み切られたコマを見た小野が，いつまでもコマに執着している自分の「おろかさ」に気づいたと読んでいるのであり，そのとき「正太の生命は，小野の胸の中に根をおろした」と読んでいるのである。つまり，「弟にコマをわたした小野に正太との訣別を見ていた」のである。確かにそう考えると，「自分の手に，S君が入った」というMの記述も，「早く帰りたい」といつまでもS君に執着していた自分の「おろかさ」に気づいて，その象徴とも言える写真を破ったことで，自分の胸の中にS君の生命が「根をおろした」という意味であることが理解できる。(ちなみに，本文にはこうした人物の内面はほとんど描かれていない。〈それから間もなく正太の弟が，又柿の樹の下で，あのコマをもって遊んでいた〉と書かれてあるだけである。してみると，Mの読みがいかに深いレベルのものであったかがよく分かる。)

　佐藤学氏によれば，Mは「テキストを通して自分の現実を読んでいたのであり，自分の現実を読むことを通してテキストを読んでいたのである」という（稲垣忠彦・佐藤学『授業研究入門』1996年，岩波書店，54頁）。

　Mの感想文は，私の言う〈解釈〉の結果に他ならない。言い換えると，自

分の生活経験に基づく作品理解である。感想文にあるように、「小野はいい人でも、正太が死になると、ないたと思った」というのは、Ｓ君との別れ際に泣いたという自らの似たような体験に基づいた想像であろう。そもそも「小野はいい人」という人物像の捉え方が、短編ゆえに省略が多く、読者の想像力が一層強く喚起される本作品において、大切な人を思慕するという小野とＭとの共通の地平からもたらされた〈解釈〉なのである。息子を想う小野の中に、ＭはＳ君を想う自分の姿を重ねて見ているのである。

　しかも、単にテキストに自分を重ねて読むということにとどまらず、テキストとＭが「地平の融合」を起こして、Ｍの新たな自己理解も生じている。「ぼくは、自分でやぶって、自分の手に、Ｓ君が入ったと思うからだ」という記述にそれが表れている。大事にしていた写真を破ることによって、Ｓ君に執着していたそれまでの自分を否定するとともに、そうして新しく生まれ変わった自分の中でＳ君が永遠に生きると考えたのである。いわば、正太のコマを弟に渡した小野夫婦の生を今日的に新たに生きたのである。（詳しくは拙著『〈解釈〉と〈分析〉の統合をめざす文学教育〜新しい解釈学理論を手がかりに〜』2010年、学文社、372〜376頁）

2　「ごんぎつね」の授業でのエピソード

　原田大介氏の『インクルーシブな国語科授業づくり』（2017年、明治図書）には、さまざまな困難を抱える子どもたちの学びの事例が載っている。その中でも「ごんぎつね」の授業における菜摘さんの学びの事例（67〜69頁）は大変に興味深い。

　菜摘さんは、教師やクラスメイトに暴言を浴びせたりケンカをしたりしている子どもである。授業者である原田氏によると、彼女の家庭は職業が不安定な父親が暴力を繰り返しており、菜摘さんはその怒りの矛先を教師や子どもたちに向けていたらしい。

　そんな菜摘さんが、「ごんぎつね」の授業で次のように語った。

せつない。二人ともかわいそう。やよい（菜摘さんの友達の名前）とうちの関係ににている。どっちもどっちでわるいと思う。私とやよいがけんかしてなかなおりしようとするんだけど，まわりのともだちがわるぐちをいってなかなおりしなくていいじゃんといわれるので，なかなかなかなおりできないんだけど，さいしゅうてきにはなかなおりして，もとの二人にもどる。

（カッコ内は鶴田の注）

　原田氏によれば，菜摘さんに強い影響を与えたのは，舞衣さんが書いた次の感想文であったと言う。

　2007年の夏ぐらいに，友達の教科書をかりて教科書にらくがきをして，絵を書いてしまって，ゴメンネといっかいあやまったときはゆるしてもらえたけど，昼休みにはなしかけてもむしされ，三回くらいあやまっても，ゆるしてもらえず，手紙で，二回目だけど，やはりゆるしませんと手紙でかかれ，もういらついて母さんにゆって，「おわり」になった。まだ，なかよしでわない。私は，ごんであり，兵十でもあります。ごんの理由は，なんかいもあやまっている所。兵十の理由は，らくがきをしてしまって，人の絵を書いてしまったことです。

　原田氏は，この舞衣さんの文章を読んだ菜摘さんは「私は，ごんであり，兵十でもあります」という言葉に「自身の現状を重ねていたのではないか」と推測している。つまり，「家庭で暴力の被害を受けている自身の体験（＝銃で撃たれたごん）と，学校で暴言や暴力を繰り返す自身の体験（＝銃で撃つ兵十）とが重なり，菜摘さん独自のコミュニケーションをめぐる気づきや深まりがあったのではないか」と言う。
　そう考えると，「せつない。二人ともかわいそう」という菜摘さんの感想は，「ごんぎつね」の世界を通して，暴力の被害者であるとともに加害者で

もある自分を対象化することによって湧き上がってきた率直な感情だったということが分かる。自分の世界（似たような経験）と結びつけて作品の世界を意味づけているのである。それが，菜摘さんにとっての「ごんぎつね」の真実なのである。

　アクティブで深い学びのためには，このようにテキストの世界を自分の生活経験に基づいて〈わがこと〉として捉えることが大切である。菜摘さんや舞衣さんの事例はそうした学びの好例である。まさに「主体的・対話的で深い学び」が生まれている。

　なお，この授業では，学力的な厳しさからふだんは授業に参加しようとしない由里さんや美雪さんも「自分の経験と結びつけて語る姿」が見られたという。こうした学びはどの子にも開かれているのである。

3　私の大学の実践

　もう一つ，私の大学の実践から，こうした生活経験に基づく思考が〈わがこと〉としての学びを触発していった事例を紹介したい。

　ある大学の集中講義で，「根拠・理由・主張の３点セット」を学ぶのに好適な教材として，次頁のようなワークシートを用意した。

　講義では，右側のページの「理由」の欄をタテ半分に区切って，根拠と理由を分けて書くように指示した。

　すると，ある学生がこうつぶやいた。

　「③は少年ジャンプ。みんな月曜日発売ということを知っているので必ず買う。コンビニは在庫が少ないので発売日に行かないとすぐになくなる。」

　まさに自らの生活経験に基づく理由づけで，自信に満ちた語り口であった。彼がこんなに講義に集中したことがなかっただけに，改めてこの教材の力を思い知らされた。大学生ですら熱中できるのである。いつも授業態度がよいとは言えない彼の発言に，他の学生が一様に感嘆と共感の声を上げていた。

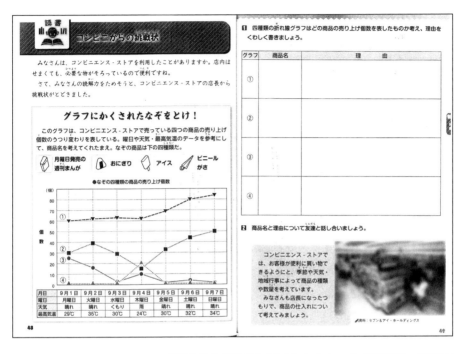

（沼津市教育委員会編『みんなとつなぐ言語科　副読本
小学校 3・4 年』2009年，非売品）

　その後も，勤務校で多くの学生を対象にして，この教材を使ったが，反応
はすこぶるよい。コンビニでアルバイトをしている（したことがある）学生
も多いので，自分の体験をもとにさまざまな理由づけをしてくる。

・「①のおにぎりは，土日に売り上げが増えている。朝早くスポーツ少年団
　の子どもたちが大量におにぎりを買っていくからだ。」

・「④のビニールがさは，雨の日しか店頭に置かないので，他の日には買い
　たくても買えない。」

　他にも，コンビニをよく利用する学生たちから，自分の生活経験をもとに
した理由づけが出てくる。

・「③の週刊まんがが水曜日に売り上げが多いのは，雨が降ってきてコンビ

ニで雨宿りをして，まんがを読んでいたら買いたくなったからだ。」

・「別の理由としては，雨で外ですることがないので，暇つぶしにまんがを買ってきて家で読む。」

自分の生活経験に基づく理由づけのオンパレードである。

なお実際に，この副読本を使った小学校4年生の授業も参観したことがあるが，そのときも同様のことが起きた。いつも授業中に教室から出てしまうT君がこのときだけは課題に集中したのである。

彼は真っ先に大きな声でこう叫んだ。

「①は絶対にアイスだよ。だって，一番暑い日に一番売れているから。」

この意見は，グラフの一面しか見ていないので，根拠としては不十分なのだが，それでも自分自身の既有知識・生活経験に基づいて判断していることは間違いない。「暑い日にアイスが食べたい」という理由づけは正しい。授業では，この発言をきっかけにして，①が「アイス」だという子ども（T君の他にも数名いる）とそうではないという子どもたちとの論争になったが，ほどなくT君たちも「おにぎり」という考えに納得することになった。天候や気温に関係なく平均的に一番多く売れているという根拠から，それが「おにぎり」であることの理由は，米が主食である，手軽に食べられる，日本人が好きといったものであった。担任の先生は「T君が授業でこんなに長い時間教室にいたことはない」ともらしていた。アクティブな学びが成立していたことになる。

以上のように，自分の経験に基づく理由づけは，学力の差や発達障害の有無に関係なく，誰にでも開かれた基本的な思考方法であるということがうかがえる。いや，それどころか，「発達障害のある子どもや他の難しさのある子どもは，どちらかと言うと自分の経験の内容を先行させて話す傾向がある」という指摘もある（原田前掲書，101頁）。全員の参加を促すという点で，そして，教科の論理と生活の論理をつなぐという点で，それは授業づくりの基本原理と言える。

あとがき

　本書は，既刊の『対話・批評・活用の力を育てる国語の授業〜ＰＩＳＡ型読解力を超えて〜』（2010年，明治図書）の続編とも言えるものである。当時は「ＰＩＳＡ型読解力」が話題の中心であった。この10年の間，教育界にはさまざまな出来事があったが，基本的な教育改革の方向は変わっていない。「対話」「批評」「活用」といったキーワードは現在ますます重視されてきている。2017年３月に公示された新学習指導要領もそうした観点を強く打ち出してきている。

　しかし，これは教育における「不易」の課題とも言えるものである。「流行」のごとく立ち現れてきた「ＰＩＳＡ型読解力」にしても「アクティブ・ラーニング」にしても，実は学ぶことの本質をある側面から命名したものにすぎず，すぐれた授業に内在する基本的な要素なのである。

　中央教育審議会が審議の過程で「アクティブ・ラーニング」を「主体的・対話的で深い学び」と言い換えたように，それは何ら新奇なものではない。日本の教師たちはずっと以前から「主体的な学び」「対話的な学び」「深い学び」を追求してきたのである。

　その意味では，本書は特別な目的のために書かれたハウツー本ではない。むしろ，より質の高い授業をめざして，地に足が着いた形で日々の授業の省察と改善に役立つようなものでありたいと願っている。

　本書の初出は以下の通りである。

第１章
　『教育科学国語教育』2018年度連載「教科の本質をふまえたコンピテンシー・ベースの国語科授業づくり」（第１回〜第12回）
第２章
　『教育科学国語教育』2014年度連載「国語授業で論理的対話力をどう育

てるか」(第 1 回〜第12回)

　両者の論考には 4 年の隔たりがあるが，基本的な問題意識は変わらない。本書に収録するにあたって，若干の加除修正を施した。

　第 3 章と第 4 章は，次の論考がもとになっている。いずれも若干の加除修正を施した。

　第 3 章

　「『アクティブ・ラーニング』を問い直す〜すべての学びの基本原理である〜」(『研究紀要』№.16，2015年12月，「読み」の授業研究会編)

　第 4 章

　「『ものの見方・考え方』を働かせることによる『深い学び』〜西郷竹彦の「気のいい火山弾」の授業を中心に〜」(『授業づくりと子ども理解の往還によるアクティブ・ラーニングの課題克服』2018年3月，都留文科大学)

　第 5 章は，第 1 節 (『〈解釈〉と〈分析〉の統合をめざす文学教育〜新しい解釈学理論を手がかりに〜』2011年，学文社，第 7 章の一部) を除いて，新稿である。

　最後に，本書の出版にあたって格段のご配慮を賜った明治図書出版編集部の木山麻衣子氏に厚く御礼申し上げたい。

2020年 4 月

鶴田清司

【著者紹介】

鶴田　清司（つるだ　せいじ）

都留文科大学教授（教育学博士）。全国大学国語教育学会常任理事（元理事長），日本国語教育学会理事，日本教育方法学会理事，日本言語技術教育学会理事など。

〔最近の主な著書〕

・『〈解釈〉と〈分析〉の統合をめざす文学教育～新しい解釈学理論を手がかりに～』2010年，学文社

・『対話・批評・活用の力を育てる国語の授業～ＰＩＳＡ型読解力を超えて～』2010年，明治図書

・『論理的思考力・表現力を育てる言語活動のデザイン　小学校編・中学校編』（共編著）2014年，明治図書

・『授業で使える！論理的思考力・表現力を育てる三角ロジック～根拠・理由・主張の３点セット～』2016年，図書文化

・『なぜ「ごんぎつね」は定番教材になったのか～国語教師のための「ごんぎつね」入門～』2020年，明治図書

国語教育選書

教科の本質をふまえた
コンピテンシー・ベースの国語科授業づくり

2020年５月初版第１刷刊 　Ⓒ著　者	鶴　　田　　清　　司
発行者	藤　　原　　光　　政
発行所	明治図書出版株式会社

http://www.meijitosho.co.jp
(企画)木山麻衣子(校正)(株)東図企画
〒114-0023　東京都北区滝野川7-46-1
振替00160-5-151318　電話03(5907)6702
ご注文窓口　電話03(5907)6668

＊検印省略　　　　組版所 中　　央　　美　　版

Printed in Japan　　　　　ISBN978-4-18-387317-0
もれなくクーポンがもらえる！読者アンケートはこちらから
→

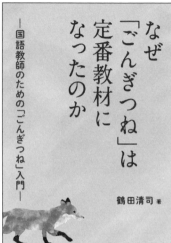
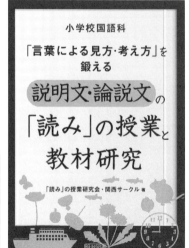